TESSLOFFS illustrierte BIBLIOTHEK

Länder der Erde

Tessloff

Inhalt

Copyright © 2002 Tessloff Verlag,
Nürnberg (deutsche Ausgabe)
www.tessloff.com
www.wasistwas.de

Copyright © 2000 Orpheus Books Ltd

Konzipiert und herausgegeben von Nicholas Harris,
Joanna Turner and Claire Aston, Orpheus Books Ltd

Text Claire Aston

Illustratoren Gary Hincks, Steve Noon
Karte auf Seite 4–5: Olive Pearson

Übersetzung Birgit Ress-Bohusch

Übersetzung Karten Dagmar Tränkle

Lektorat (deutsche Ausgabe) Birgit Grader

Alle Rechte vorbehalten. Das Werk einschließlich aller seiner Teile ist urheberrechtlich geschützt. Jede Vervielfältigung und Speicherung in elektronischen, mechanischen oder anderen Systemen ist ohne ausdrückliche Genehmigung des Verlages untersagt.

ISBN 3-7886-1299-1
Gedruckt und gebunden in Singapur

Inhalt

Die Welt

4 Die Welt
Politisch • Antarktis

Nordamerika

6 Nordamerika
Politisch

8 Fakten und Zahlen
Kanada • Vereinigte Staaten von Amerika • Mexiko • Zentralamerika • Karibik

10 Vereinigte Staaten von Amerika

12 Kanada

13 Mexiko und Zentralamerika
Karibische Inseln

Südamerika

14 Südamerika
Politisch

15 Der Amazonas-Regenwald

16 Fakten und Zahlen
Der Norden • Brasilien • Der Süden

18 Südamerika

Europa

20 Europa
Politisch

22 Fakten und Zahlen I
Nordeuropa • Südeuropa

24 Fakten und Zahlen II
Mitteleuropa • Balkan • Osteuropa • Russland

26 Britische Inseln

INHALT

27 FRANKREICH

28 NORDEUROPA

29 DEUTSCHLAND UND SEINE NACHBARN
Schweiz und Österreich

30 SPANIEN UND PORTUGAL

31 ITALIEN

32 OSTEUROPA

33 SÜDOSTEUROPA
Türkei

34 RUSSLAND
Zentralasien

ASIEN

36 ASIEN
Politisch

38 FAKTEN UND ZAHLEN I
Südasien • Pakistan • Indien • West- und Zentralasien • Naher Osten • Türkei

40 FAKTEN UND ZAHLEN II
China • Japan • Ostasien • Südostasien • Indonesien

42 DER NAHE OSTEN

43 SÜDASIEN

44 CHINA
Mongolei und Korea

46 SÜDOSTASIEN

47 JAPAN

OCEANIEN

48 OCEANIEN
Politisch

49 FAKTEN UND ZAHLEN
Australien • Neuseeland • Pazifikinseln

50 AUSTRALIEN
Neuseeland

AFRIKA

52 AFRIKA
Politisch • Die Völker Afrikas

53 DIE SAHARA

54 FAKTEN UND ZAHLEN I
Nordwestafrika • Nordostafrika • Nigeria • Westafrika

56 FAKTEN UND ZAHLEN II
Zentralafrika • Ostafrika • Südafrika

58 NORDAFRIKA

60 SÜDLICHES AFRIKA

62 INDEX

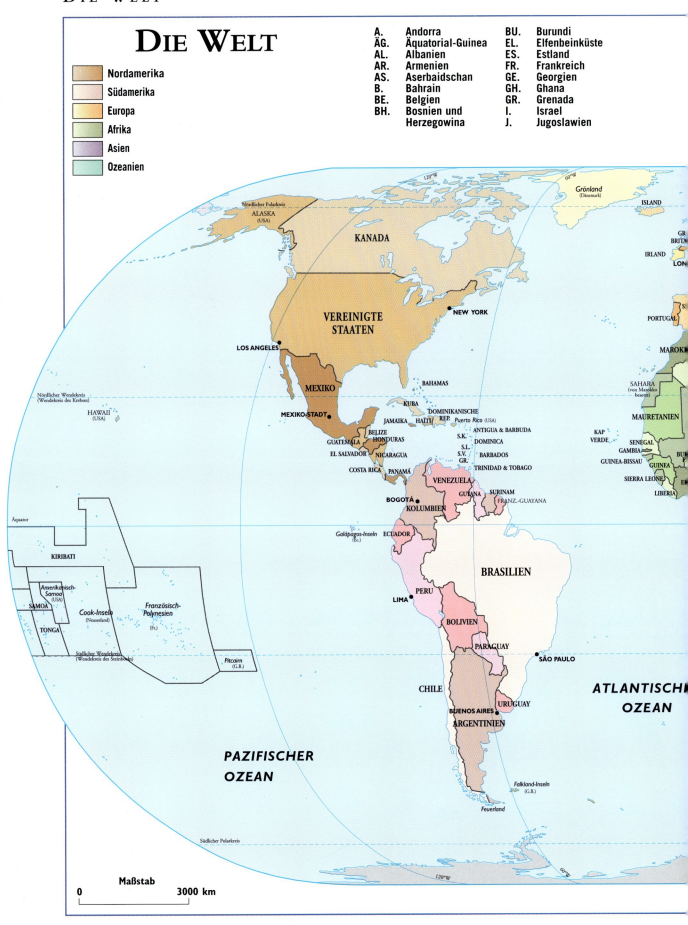

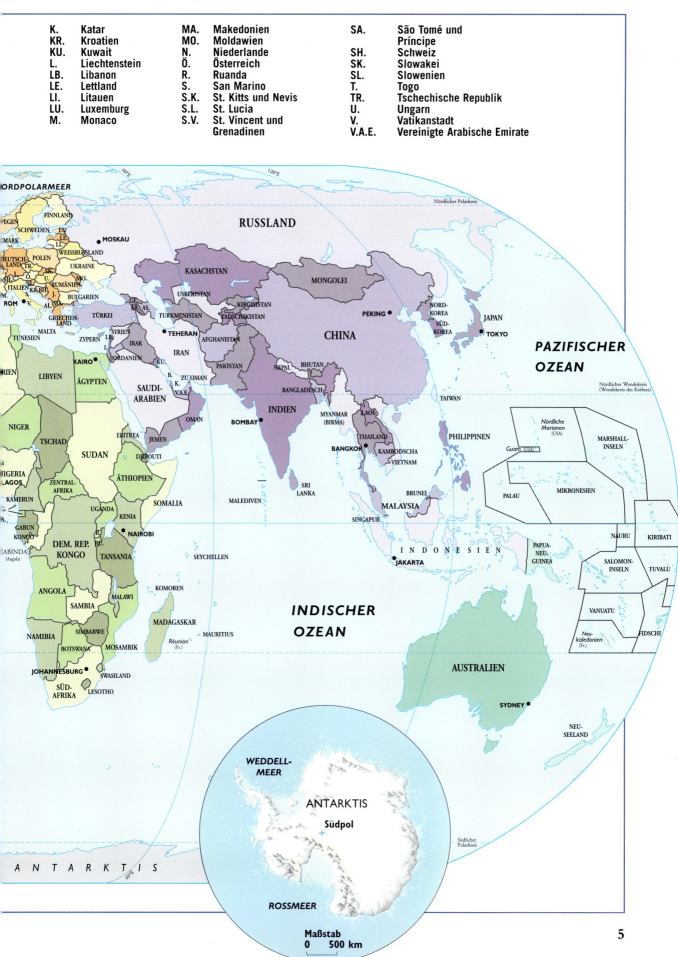

Nordamerika

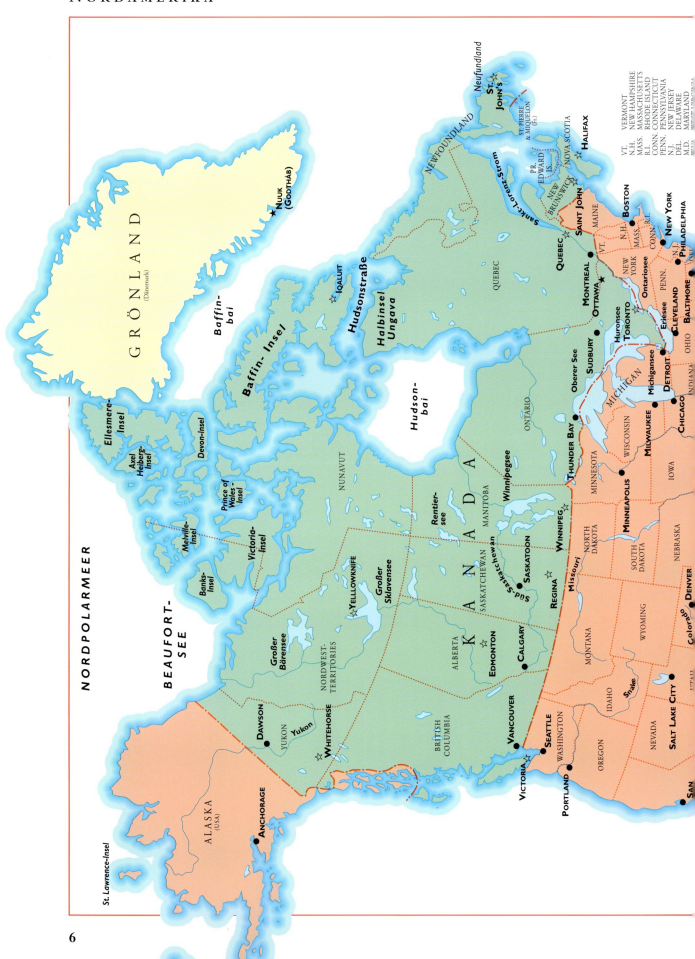

NORDAMERIKA

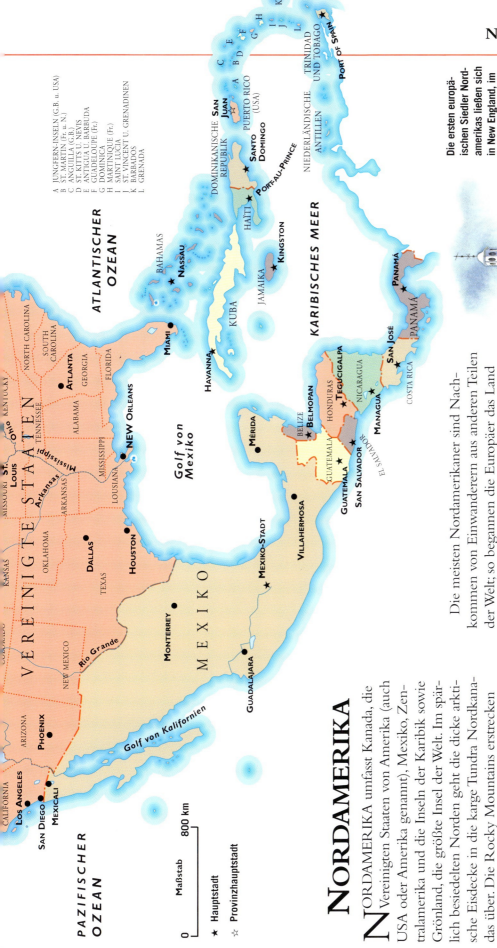

A JUNGFERN-INSELN (G.B. u. USA)
B ST. MARTIN (Fr. u. N.)
C ANGUILLA (G.B.)
D ST. KITTS U. NEVIS
E ANTIGUA U. BARBUDA
F GUADELOUPE (Fr.)
G DOMINICA
H MARTINIQUE (Fr.)
I SAINT LUCIA
J ST. VINCENT U. GRENADINEN
K BARBADOS
L GRENADA

Die ersten europäischen Siedler Nordamerikas ließen sich in New England, im Nordosten der USA nieder. Dieser Landstrich ist bekannt durch die malerischen Kleinstädte und die Wälder, die das Land mit ihrem Herbstlaub in bunte, leuchtende Farben tauchen.

NORDAMERIKA

NORDAMERIKA umfasst Kanada, die Vereinigten Staaten von Amerika (auch USA oder Amerika genannt), Mexiko, Zentralamerika und die Inseln der Karibik sowie Grönland, die größte Insel der Welt. Im spärlich besiedelten Norden geht die dicke arktische Eisdecke in die karge Tundra Nordkanadas über. Die Rocky Mountains erstrecken sich von Alaska bis nach Mexiko, während die Appalachen den Osten der USA beherrschen. In den Tiefländern des Mississippi-Beckens und der südöstlichen Küstenebene wird Mais und Weizen angebaut. Noch weiter im Süden prägen die heißen, trockenen Wüstengebiete den Südwesten der USA und Mexiko.

Die meisten Nordamerikaner sind Nachkommen von Einwanderern aus anderen Teilen der Welt; so begannen die Europäer das Land bereits ab dem 16. Jahrhundert zu besiedeln. Viele der einheimischen Indianervölker verloren ihre Stammesgebiete an die Neuankömmlinge und bilden heute Minderheiten, denen man eigene Reservate zugewiesen hat. Einige Völker wie die Inuit im Norden Kanadas leben noch nach den Traditionen ihrer Vorfahren.

NORDAMERIKA

FAKTEN UND ZAHLEN

Seit vielen Generationen schnitzen die indianischen Ureinwohner an der Nordwestküste Amerikas farbenprächtige Totempfähle aus Holz, die eine Art Familien- oder Sippenchronik darstellen.

 ### KANADA

Fläche 9 958 319 km² **Einwohner** 30 491 000 **Hauptstadt** Ottawa (**Einwohner** 1 063 664) **Sprachen** Englisch, Französisch **Religionen** Katholiken 47%, Protestanten 25%, sonstige 28% **Währung** Kanadischer Dollar **Höchster Punkt** Mount Logan 6050 m **Hauptwirtschaftszweige** Holz und Papier, Metalle, Nahrungsmittel, Fahrzeuge, Chemikalien, Erdöl, Telekommunikation

 ### VEREINIGTE STAATEN VON AMERIKA

Fläche 9 372 614 km² **Einwohner** 278 230 000 **Hauptstadt** Washington D.C. **Sprachen** Englisch, Spanisch **Religionen** Protestanten 56%, Katholiken 28%, Juden 2%, sonstige 14% **Währung** US-Dollar **Höchster Punkt** Mount McKinley, Alaska, 6194 m **Hauptwirtschaftszweige** Flugzeuge, Fahrzeuge, Chemikalien, Computer, Erdöl, Stahl, Telekommunikation, Nutzholz **Größte Städte** New York (16 332 000), Los Angeles (15 302 275), Chicago (8 526 804), Washington D.C. (7 051 495), San Francisco (6 513 322)

 ### MEXIKO

Fläche 1 972 547 km² **Einwohner** 96 586 000 **Hauptstadt** Mexiko-Stadt (Einwohner 8 591 309) **Sprache** Spanisch **Religionen** Katholiken 89%, Protestanten 6%, sonstige 5% **Währung** Mexikanischer Peso **Höchster Punkt** Citlaltépetl 5700 m **Hauptwirtschaftszweige** Erdöl, Eisen und Stahl, Nahrungsmittel, Getränke, Fahrzeuge, Chemikalien, Tourismus

ZENTRALAMERIKA

Guatemala

Belize   Honduras   El Salvador

Nicaragua   Costa Rica   Panamá

BELIZE
Fläche 22 965 km² **Einwohner** 247 000 **Hauptstadt** Belmopan **Sprachen** Englisch, Spanisch
COSTA RICA
Fläche 50 700 km² **Einwohner** 3 589 000 **Hauptstadt** San José **Sprache** Spanisch
EL SALVADOR
Fläche 21 041 km² **Einwohner** 6 154 000 **Hauptstadt** San Salvador **Sprache** Spanisch
GUATEMALA
Fläche 108 889 km² **Einwohner** 11 088 000 **Hauptstadt** Guatemala **Sprache** Spanisch
HONDURAS
Fläche 112 088 km² **Einwohner** 6 381 000 **Hauptstadt** Tegucigalpa **Sprache** Spanisch, Englisch, indianische Dialekte
NICARAGUA
Fläche 130 000 km² **Einwohner** 4 919 000 **Hauptstadt** Managua **Sprachen** Spanisch, Englisch
PANAMÁ
Fläche 75 517 km² **Einwohner** 2 811 000 **Hauptstadt** Panamá **Sprache** Spanisch, Englisch, indianische Dialekte

NORDAMERIKA

KARIBIK

Kuba

Bahamas

Jamaika

Haïti

Dominikanische Republik

St. Kitts und Nevis

Antigua und Barbuda

Dominica

St. Lucia

St. Vincent u. Grenadinen

Barbados

Grenada

Trinidad und Tobago

ANGUILLA
Fläche 91 km² **Einwohner** 12 132
Hauptstadt The Valley **Sprache** Englisch
ANTIGUA UND BARBUDA
Fläche 442 km² **Einwohner** 67 000
Hauptstadt St. John's **Sprache** Englisch
BAHAMAS
Fläche 13 939 km² **Einwohner** 298 000
Hauptstadt Nassau **Sprache** Englisch
BARBADOS
Fläche 430 km² **Einwohner** 267 000
Hauptstadt Bridgetown **Sprache** Englisch
BERMUDA-INSELN
Fläche 53 km² **Einwohner** 63 503
Hauptstadt Hamilton **Sprache** Englisch
DOMINICA
Fläche 750 km² **Einwohner** 73 000 **Hauptstadt** Roseau **Sprachen** Englisch, Kreolisch
DOMINIKANISCHE REPUBLIK
Fläche 48 422 km² **Einwohner** 8 404 000
Hauptstadt Santo Domingo **Sprache** Spanisch
GRENADA
Fläche 345 km² **Einwohner** 97 000
Hauptstadt St. George's **Sprachen** Englisch, Patois (französischer Dialekt)
GUADELOUPE
Fläche 1779 km² **Einwohner** 431 170
Hauptstadt Basse-Terre **Sprachen** Französisch, Kreolisch
HAITI
Fläche 27 750 km² **Einwohner** 7 803 000
Hauptstadt Port-au-Prince **Sprachen** Französisch, Kreolisch
JAMAIKA
Fläche 10 991 km² **Einwohner** 2 598 000
Hauptstadt Kingston **Sprache** Englisch
JUNGFERN-INSELN (G.B.)
Fläche 153 km² **Einwohner** 20 812
Hauptstadt Road Town **Sprache** Englisch
JUNGFERNINSELN (USA)
Fläche 355 km² **Einwohner** 122 211
Hauptstadt Charlotte Amalie **Sprachen** Englisch, Spanisch, Kreolisch
KUBA
Fläche 110 860 km² **Einwohner** 11 178 000
Hauptstadt Habana **Sprache** Spanisch
MARTINIQUE
Fläche 1102 km² **Einwohner** 418 454
Hauptstadt Fort-de-France **Sprachen** Französisch, Kreolisch
MONTSERRAT
Fläche 102 km² **Einwohner** 7 574
Hauptstadt Plymouth **Sprache** Englisch
NIEDERLÄNDISCHE ANTILLEN
Fläche 800 km² **Einwohner** 212 226
Hauptstadt Willemstad **Sprachen** Holländisch, Papiamento
PUERTO RICO
Fläche 8959 km² **Einwohner** 3 937 316
Hauptstadt San Juan **Sprachen** Spanisch, Englisch
ST. KITTS UND NEVIS
Fläche 262 km² **Einwohner** 41 000
Hauptstadt Basseterre **Sprache** Englisch
ST. LUCIA
Fläche 616 km² **Einwohner** 154 000
Hauptstadt Castries **Sprachen** Englisch, Patois (französischer Dialekt)
ST. VINCENT UND GRENADINEN
Fläche 388 km² **Einwohner** 114 000
Hauptstadt Kingstown **Sprache** Englisch
TRINIDAD UND TOBAGO
Fläche 5127 km² **Einwohner** 1 293 000
Hauptstadt Port of Spain **Sprachen** Englisch, Französisch, Spanisch, Hindi, Chinesisch

NORDAMERIKA

VEREINIGTE STAATEN VON AMERIKA

DIE USA reichen vom Atlantischen Ozean im Osten bis zum Pazifischen Ozean im Westen. Zu den insgesamt 50 Staaten gehören außerdem Alaska nordwestlich von Kanada und die Inselgruppe Hawaii mitten im Pazifik.

Die dicht bewaldeten Berge der Appalachen, die sich vom Nordosten bis hinunter nach Alabama erstrecken, trennen die östlichen Küstenebenen mit Großstädten wie New York, Boston und Washington von den

Das Wahrzeichen von San Francisco ist die Golden Gate Bridge, eine 2,7 km lange Hängebrücke für Autos und Fußgänger über die Meerenge, die den Pazifik mit der Bucht von San Francisco verbindet.

Großen Seen im Nordwesten – riesigen Binnenseen, die während der Eiszeiten von Gletschern ausgeschürft wurden und sich später mit Schmelzwasser füllten.

Das Zentralgebiet der USA besteht aus weiten, flachen Ebenen, die überwiegend als Ackerland genutzt werden. Während in den nördlichen Gebieten vor allem Weizen und Mais gedeihen, baut man weiter im Süden Baumwolle, Tabak und Erdnüsse an. Der mächtige Mississippi-Strom, der mehrere Staaten im Mittelwesten durchschneidet oder begrenzt, teilt die USA in zwei Hälften.

Westlich der Rocky Mountains ist das Klima trockener. Während ein Wüstengürtel die Südweststaaten Nevada und Arizona durchzieht, sind zwischen Kalifornien und den Nordweststaaten fruchtbare Anbaugebiete eingebettet.

NORDAMERIKA

Vor der Ankunft der ersten Einwanderer aus Europa waren die Indianer die einzigen Bewohner Nordamerikas. Die heutigen Amerikaner haben ihre Wurzeln in allen Teilen der Welt. Viele Schwarze sind die Nachkommen von Afrikanern, die im 17. und 18. Jahrhundert als Sklaven ins Land gebracht wurden.

New Orleans in Louisiana ist die Heimat von Jazz und Blues – Musik, die sich aus den Liedern der einstigen afrikanischen Sklaven entwickelte.

Der Gateway Arch, der sich am Ufer des Mississippis in St. Louis, Missouri, erhebt, ist mit 192 m das höchste Monument der Welt. Der 1965 errichtete Bogen symbolisiert das „Tor zum Westen", das die Stadt einmal war: Im 19. Jahrhundert brachen viele Menschen von St. Louis nach Westen auf, um in Oregon und Kalifornien ein neues Leben zu beginnen.

NORDAMERIKA

KANADA

OBWOHL KANADA eine größere Fläche umfasst als die USA, ist es längst nicht so dicht besiedelt wie der Nachbar. Einen Großteil des Landes bedecken Berge, Seen und riesige Nadelwälder, in denen Bären, Wölfe, Pumas und Elche leben. Im hohen Norden und auf den arktischen Inseln finden sich Dauerfrostböden. In diesen unwirtlichen Gebieten, die wir als Tundra bezeichnen, können Pflanzen nur während des kurzen Sommers gedeihen.

Zwar leben auch in den eisigen Nordregionen einheimische Volksgruppen wie die Inuit, aber die meisten Kanadier haben sich im Süden angesiedelt, nahe der Grenze zu den USA. Die größten Städte befinden sich im Osten. Weiter westlich durchziehen die Great Plains Teile der Provinzen Alberta, Saskatchewan und Manitoba – ein fruchtbarer Präriegürtel, in dem vor allem Weizen angebaut wird. Der Westen Kanadas wird von mächtigen Gebirgsketten beherrscht, darunter die Rocky Mountains, die sich bis weit in den Süden der

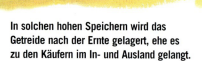

In solchen hohen Speichern wird das Getreide nach der Ernte gelagert, ehe es zu den Käufern im In- und Ausland gelangt.

USA erstrecken. Im 16. Jahrhundert ließen sich die ersten Kolonisten aus Frankreich und England in Kanada nieder. Bis heute sind Englisch und Französisch gleichberechtigte Amtssprachen. Die meisten Französisch sprechenden Kanadier leben in der Provinz Quebec und viele von ihnen setzen sich für die Unabhängigkeit dieser Region ein.

NORDAMERIKA

MEXIKO UND ZENTRALAMERIKA

Der Vulkan Arenal erhebt sich im Regenwald von Costa Rica.

Frauen auf Haiti *(unten)* schütteln den Reis in großen Worfelsieben, um die Körner von den Spelzen zu trennen.

MEXIKO und die Staaten Zentralamerikas bilden eine Landbrücke zwischen Nord- und Südamerika. Mexiko ist ein bergiges Land mit Wüsten im Norden, tropischen Regenwäldern im Süden und einem fruchtbaren zentralen Hochland. Haupterwerbszweig in Zentralamerika ist die Landwirtschaft mit Bananen- und Kaffeeanbau sowie Viehzucht. Vulkanausbrüche, Erdbeben und Wirbelstürme stellen eine ständige Bedrohung für die Region dar.

Die ersten europäischen Siedler in dieser Gegend waren Spanier. Daher sprechen die meisten Bewohner von Mexiko und Zentralamerika heute Spanisch.

KARIBISCHE INSELN

Die Inseln der Karibik sind beliebte Touristenziele. Neben dem Tourismus zählen der Export von Zucker, Bananen und Kaffee zu den wichtigsten Erwerbszweigen. Eine große Gefahr für die Insulaner stellen Vulkanausbrüche und heftige Wirbelstürme dar. Die karibische Kultur ist ein Gemisch afrikanischer und europäischer Traditionen.

SÜDAMERIKA

SÜDAMERIKA ist ein Kontinent der Extreme. Die Anden, die entlang der gesamten Westküste verlaufen, sind das längste Gebirge der Welt. Eingebettet in die schneebedeckten Hauptketten liegt der Altiplano, eine Region von Hochbecken, über die eisige Winde hinwegfegen. Zwischen Anden und Pazifikküste erstreckt sich das trockenste Gebiet der Erde – die Wüste Atacama, in der Jahrhunderte vergehen können, bis es ein einziges Mal regnet.

Im Norden leben die Menschen vor allem an der Karibikküste oder in den Bergen. Weiter landeinwärts breiten sich die tropischen Regenwälder des Amazonasbeckens aus. Der Amazonas, der in den Anden entspringt, windet sich ostwärts durch Peru und Brasilien zum Atlantik. Im Südosten des großen Stroms befindet sich das Brasilianische Bergland. Weiter südlich bedecken fruchtbare Grasebenen, die so genannte Pampa, Teile von Argentinien und Uruguay. Erst im äußersten Süden Argentiniens weicht das Grasland der trockenen, öden Strauchsteppe Patagoniens. Die Südanden mit ihren zahlreichen Gletschern und Vulkanen lösen sich an der Spitze von Feuerland in zerklüftete, von Stürmen umtoste Felseninseln auf.

Viele Südamerikaner stammen von Europäern ab, vor allem Spaniern und Portugiesen, die den Kontinent bereits im 15. Jahrhundert zu erobern begannen und ihn durch ihre Sprache und Kultur geprägt haben. Andere sind Nachkommen afrikanischer Sklaven, die von den Europäern ins Land gebracht wurden. Obwohl die Zahl der indianischen Ureinwohner mit der Ankunft der Fremden drastisch absank, gibt es bis heute Stämme in den Bergen und Regenwäldern, die sich ihre eigenen Sprachen und Lebensgewohnheiten bewahrt haben.

Chilenischer Junge. Viele der heutigen Bewohner Südamerikas sind Mestizen – Mischlinge zwischen Weißen und Indianern.

SÜDAMERIKA

Dieser rot gefärbte Ara ist eine Vogelart des Regenwaldes.

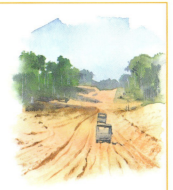

Durch das Abholzen der Tropenwälder wird nicht nur der Lebensraum von Pflanzen und Tieren vernichtet. Regengüsse schwemmen außerdem das ungeschützte Erdreich weg. Selbst unser Klima könnte durch den Verlust der großen Urwälder beeinträchtigt werden.

DER AMAZONAS-REGENWALD

Das Amazonasbecken ist das größte Regenwaldgebiet der Erde. Es beherbergt eine Vielzahl von Pflanzen und Tieren und ständig werden neue Arten entdeckt. Der gewaltige Amazonas und seine Nebenflüsse dienen den Urwald-Indianern als Verkehrsadern und Nahrungsquelle. Einige dieser Stämme leben noch wie ihre Vorfahren als Jäger, Fischer und Ackerbauern, während andere bereits technische Errungenschaften wie Außenbordmotoren für ihre Boote benutzen.

Leider werden immer größere Flächen des Regenwaldes gerodet, um den wachsenden Bedarf an Nutzholz zu decken, Straßen zu bauen oder Platz für Acker- und Weideland zu schaffen. Da jedoch die dünne Waldbodenschicht rasch ausgelaugt ist, ziehen die Siedler bald in andere Gebiete weiter und tragen dadurch zur weiteren Zerstörung des Regenwaldes bei.

Manche Indianerstämme leben eine Zeit lang in einem bestimmten Teil des Regenwaldes, wo sie jagen und Feldfrüchte für den eigenen Bedarf anbauen. Danach ziehen sie weiter, damit sich der Boden erholen kann. Seit jedoch der Wald zunehmend abgeholzt wird, schrumpft ihr Lebensraum immer mehr. Darüber hinaus sind sie Verfolgungen ausgesetzt und sterben an Krankheiten, die von den neuen Siedlern eingeschleppt werden.

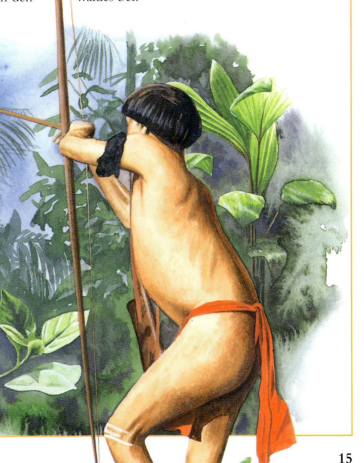

15

Südamerika

Fakten und Zahlen

Die Ölquellen am Maracaibo-See sind für die Wirtschaft Venezuelas von großer Bedeutung.

Der Norden

Kolumbien

Venezuela

Guyana

Surinam

Ecuador

Peru

Bolivien

BOLIVIEN
Fläche 1 098 581 km² **Einwohner** 8 138 000
Hauptstädte La Paz, Sucre (Regierungssitz)
Sprachen Spanisch, Quechua, Aymará
ECUADOR
Fläche 272 045 km² **Einwohner** 12 412 000
Hauptstadt Quito **Sprachen** Spanisch, Quechua
FRANZÖSISCH-GUAYANA
Fläche 91 000 km² **Einwohner** 177 562
Hauptstadt Cayenne **Sprachen** Französisch, Kreolisch
GUYANA
Fläche 214 969 km² **Einwohner** 856 000
Hauptstadt Georgetown **Sprachen** Englisch, Hindi, Urdu
KOLUMBIEN
Fläche 1 141 748 km² **Einwohner** 41 539 000
Hauptstadt Bogotá **Sprache** Spanisch
Religionen Katholiken 95%, sonstige 5%

PERU
Fläche 1 285 216 km² **Einwohner** 25 230 000
Hauptstadt Lima **Sprachen** Spanisch, Quechua, Aymará **Religionen** Katholiken 89%, sonstige 11%
SURINAM
Fläche 163 265 km² **Einwohner** 431 000
Hauptstadt Paramaribo **Sprachen** Holländisch, Hindi, Javanisch
VENEZUELA
Fläche 912 050 km² **Einwohner** 23 707 000 **Hauptstadt** Caracas **Sprache** Spanisch **Religionen** Katholiken 96%, sonstige 4%

Brasilien

Fläche 8 511 996 km² **Einwohner** 167 967 000 **Hauptstadt** Brasília **Sprache** Portugiesisch **Religionen** Katholiken 90%, sonstige 10% **Währung** Real **Höchster Punkt** Pico da Neblina 3014 m **Hauptwirtschaftszweige** Fahrzeuge, Flugzeuge

SÜDAMERIKA

Diese Hochland-Indianerin stakt einen Kahn über den Titicaca-See *(rechts),* den höchst gelegenen schiffbaren See der Welt, der sich zwischen Peru und Bolivien erstreckt. Das Boot besteht aus zähem, zu festen Bündeln gewickeltem Schilf. Manche der hier ansässigen Stämme leben sogar auf künstlichen Inseln aus Schilfmatten; wenn die unteren Lagen verfaulen, werden einfach neue Stapel obenauf getürmt.

Rio de Janeiro oder „Fluss des Januar" (unten) an der Küste von Brasilien verdankt seinen Namen dem Monat, in dem der portugiesische Entdecker Gonçalo Coelho 1503 die Guanabara-Bucht erreichte. Im Lauf der Zeit entstand unter dem Wahrzeichen des Zuckerhutes eine von Leben erfüllte Stadt. Im 19. Jahrhundert war Rio de Janeiro ein wichtiger Handelshafen. Heute sind die Außenbezirke geprägt von Elendsvierteln, deren Bewohner verzweifelt nach Arbeit suchen.

Chile

DER SÜDEN

Paraguay

Uruguay

Argentinien

ARGENTINIEN
Fläche 2 766 889 km² **Einwohner** 36 580 000
Hauptstadt Buenos Aires **Sprache** Spanisch
Religionen Katholiken 90%, Protestanten 2%, sonstige 8% **Währung** Argentinischer Peso

CHILE
Fläche 756 626 km² **Einwohner** 15 018 000
Hauptstadt Santiago **Sprache** Spanisch
Religionen Katholiken 89%, Protestanten 11%

PARAGUAY
Fläche 406 752 km² **Einwohner** 5 359 000
Hauptstadt Asunción **Sprachen** Spanisch, Guaraní **Religionen** Katholiken 90%, Protestanten 10%

URUGUAY
Fläche 176 215 km² **Einwohner** 3 313 000
Hauptstadt Montevideo **Sprache** Spanisch
Religionen Katholiken 66%, Protestanten 2%, Juden 2%, sonstige 30%

SÜDAMERIKA

VENEZUELA, Guyana, Surinam (früher Niederländisch-Guyana), Französisch-Guayana und Brasilien sind reich an Erdöl, Bauxit, Silber und anderen Mineralvorkommen. Darüber hinaus besitzt Guyana riesige Zuckerrohrplantagen, während Brasilien Zuckerrohr, Kaffee und Obst für den Export anbaut. Trotz dieser Überfülle an Rohstoffen ist der Wohlstand sehr unterschiedlich verteilt. Es gibt eine kleine Schicht reicher Unternehmer und Grundbesitzer, während der Rest der Bevölkerung in großer Armut lebt. In den Außenbezirken von Rio de Janeiro und São Paulo wachsen die Elendsviertel mit ihren Hütten aus Wellblech und Karton – Auffanglager für all jene, die in die Großstädte ziehen und dort vergeblich nach Arbeit suchen.

Dieses Mädchen gehört zu einem der wenigen Indianerstämme, die heute noch im Amazonas-Regenwald leben. Einige durchstreifen den Dschungel als Nomadenjäger, während andere in festen Dorfgemeinschaften leben und Feldfrüchte anbauen.

SÜDAMERIKA

Auch Kolumbien, Ecuador, Peru und Bolivien sind reich an Mineralvorkommen. Da fruchtbares Ackerland rar ist, haben die Bauern Terrassenfelder an den Hängen angelegt. Während in den feuchtwarmen Gebieten am Fuß der Berge Baumwolle, Zuckerrohr, Kaffee und Bananen gedeihen, werden in den höheren, kühleren Regionen Getreide und Kartoffeln gepflanzt. Wirtschaftsprobleme und politische Unruhen haben in den meisten dieser Länder zu großer Armut geführt.

Chile liegt an der Westseite des Kontinents. Zu seinen bedeutendsten Industrien zählt der Kupferabbau. In den Tälern wächst Getreide, Obst und Wein. Östlich der Anden erstrecken sich die als Pampa bezeichneten Grasebenen von Argentinien und Uruguay, auf denen Rinder- und Schafherden weiden. Der Export von Fleisch und Wolle sind Haupterwerbszweige. Chile, Uruguay und Argentinien besitzen moderne Großstädte und einen hohen Lebensstandard.

Der Gran Chaco, eine Schwemmlandebene, bedeckt fast den gesamten Nordwesten von Paraguay. Im etwas fruchtbareren Süden und Osten ist Viehhaltung und Baumwollanbau möglich. Paraguay besitzt durch den Itaipú-Staudamm am Paraná das leistungsstärkste Wasserkraftwerk der Welt.

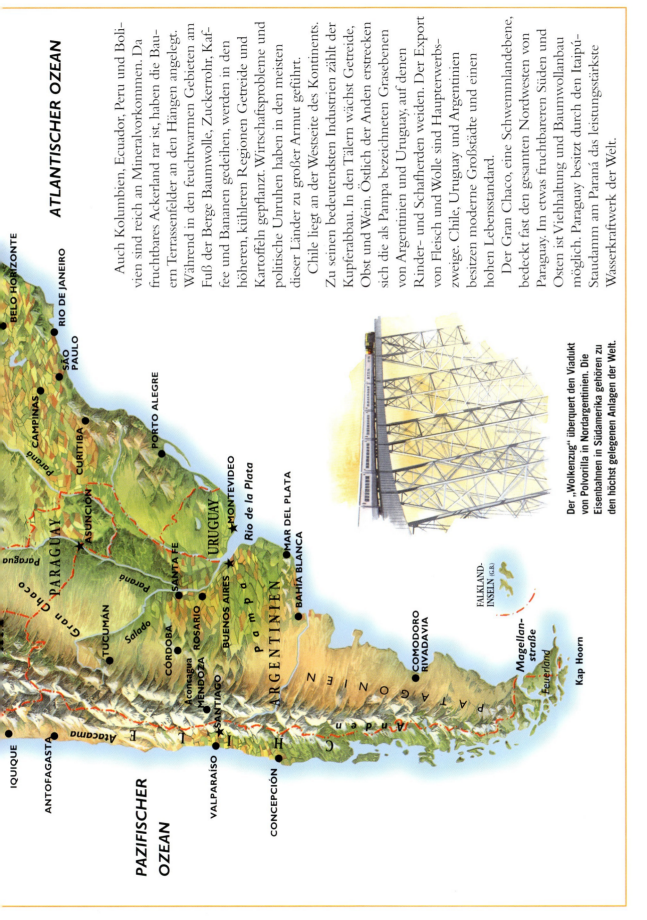

Der „Wolkenzug" überquert den Viadukt von Polvorilla in Nordargentinien. Die Eisenbahnen in Südamerika gehören zu den höchst gelegenen Anlagen der Welt.

Europa

EUROPA

EUROPA setzt sich aus vielen Ländern und Nationen zusammen. Es ist kein echter Kontinent, sondern bildet zusammen mit Asien den Großkontinent Eurasien. Zu Europa gehören neben einer Reihe von Inseln weite Bereiche von Russland sowie ein kleinerer Teil der Türkei.

Im hohen Norden, wo Europa an das Nordpolarmeer grenzt, geht die arktische Tundra mit ihrem Dauerfrostboden allmählich in die riesigen Nadelwälder Russlands und Skandinaviens über. Im Nordwesten sorgt der Golfstrom, eine warme Meeresströmung, für ein mildes, feuchtes Klima, während in Mitteleuropa und Russland Festlandklima mit meist heißen Sommern und kalten Wintern vorherrscht. Im Süden, jenseits der Pyrenäen- und Alpenketten, liegen die sonnigen Länder des Mittelmeerraumes.

Europa ist fast überall dicht bevölkert und verglichen mit der übrigen Welt wohlhabend. Wasserwege, Straßen und Schienennetze verbinden alle größeren Städte.

Im Lauf der Geschichte kam es immer wieder zu Konflikten zwischen den verschiedenen Nationen. So zerbrach in jüngerer Zeit die riesige Sowjetunion und löste sich in eine Vielzahl unabhängiger Staaten auf.

Europa blickt auf eine lange Geschichte zurück. Diese Häuser im belgischen Brügge *(unten)* **stammen noch aus dem Mittelalter.**

Heute leben in Europa Menschen aus allen Teilen der Erde. Länder wie England, Frankreich und Spanien beherrschten früher einen Großteil von Amerika, Afrika und Asien. Viele Menschen aus diesen Kontinenten haben sich inzwischen in Europa niedergelassen und tragen zu seiner Kulturvielfalt bei.

EUROPA

★ Hauptstadt

Maßstab 0 — 600 km

Gotteshäuser wie die Alexander-Newski-Gedächtniskirche in Sofia, der Hauptstadt Bulgariens, zählen zu den großartigsten Bauwerken aus früheren Zeiten.

FAKTEN UND ZAHLEN I

An der zerklüfteten Westküste Schottlands *(oben)* reichen schmale Meeresarme weit ins Land hinein.

Island

NORDEUROPA

Norwegen

Schweden

Finnland

Dänemark

Großbritannien

Irland

Belgien

Niederlande

Luxemburg

BELGIEN
Fläche 30 519 km² **Einwohner** 10 226 000 **Hauptstadt** Brüssel **Sprachen** Niederländisch, Französisch, Deutsch **Religionen** Katholiken 75%, Protestanten 15%, Muslime 3%, sonstige 7%

DÄNEMARK
Fläche 43 093 km² **Einwohner** 5 326 000 **Hauptstadt** Kopenhagen **Sprache** Dänisch **Religionen** Protestanten 90%, sonstige 10%

FINNLAND
Fläche 338 145 km² **Einwohner** 5 166 000 **Hauptstadt** Helsinki **Sprachen** Finnisch, Schwedisch **Religionen** Protestanten 89%, sonstige 11%

GROSSBRITANNIEN
Fläche 242 533 km² **Einwohner** 59 501 000 **Hauptstadt** London **Sprachen** Englisch, Walisisch **Religionen** Protestanten 51%, Katholiken 9%, Muslime 3%, sonstige 37% **Höchster Punkt** Ben Nevis 1343 m **Hauptwirtschaftszweige** Fahrzeuge, Maschinen, Flugzeuge, Chemikalien, Textilien, Fremdenverkehr, Bankgeschäfte

IRLAND
Fläche 70 283 km² **Einwohner** 3 752 000 **Hauptstadt** Dublin **Sprachen** Englisch, Irisch **Religionen** Katholiken 93%, Protestanten 3%, sonstige 4%

ISLAND
Fläche 103 000 km² **Einwohner** 278 000 **Hauptstadt** Reykjavik **Sprache** Isländisch **Religionen** Protestanten 96%, sonstige 4%

LUXEMBURG
Fläche 2586 km² **Einwohner** 432 000 **Hauptstadt** Luxemburg **Sprachen** Deutsch, Letzeburgisch, Französisch **Religionen** Katholiken 97%, sonstige 3%

NIEDERLANDE
Fläche 33 936 km² **Einwohner** 15 805 000

Eingebettet in die bewaldeten Hügel Luxemburgs liegt die mächtige Burganlage von Vianden *(unten)*.

Hauptstädte Amsterdam, Den Haag (Regierungssitz) **Sprache** Holländisch **Religionen** Katholiken 36%, Protestanten 27%, Muslime 2%, sonstige 35%

NORWEGEN
Fläche 323 877 km² **Einwohner** 4 438 547 **Hauptstadt** Oslo **Sprache** Norwegisch **Religionen** Protestanten 88%, sonstige 12%

SCHWEDEN
Fläche 449 964 km² **Einwohner** 8 886 738 **Hauptstadt** Stockholm **Sprachen** Schwedisch, Finnisch, Lappisch **Religionen** Protestanten 94%, Katholiken 2%, sonstige 4%

EUROPA

SÜDEUROPA

ANDORRA
Fläche 468 km² **Einwohner** 66 000
Hauptstadt Andorra **Sprachen** Katalanisch, Französisch, Spanisch

FRANKREICH
Fläche 543 965 km² **Einwohner** 58 620 000
Hauptstadt Paris **Sprache** Französisch
Religionen Katholiken 90%, sonstige 10%
Hauptwirtschaftszweige Fahrzeuge, Chemikalien, Maschinen, Stahl, Flugzeuge, Elektronik, Nahrungsmittel, Fremdenverkehr

GRIECHENLAND
Fläche 131 957 km² **Einwohner** 10 538 000
Hauptstadt Athen **Sprache** Griechisch
Religionen Orthodoxe 98%, sonstige 2%

ITALIEN
Fläche 301 277 km² **Einwohner** 57 646 000
Hauptstadt Rom **Sprache** Italienisch **Religion** Katholiken 100% **Hauptwirtschaftszweige** Bekleidung, Chemikalien, Fahrzeuge, Keramik, Nahrungsmittel, Fremdenverkehr

MALTA
Fläche 316 km² **Einwohner** 379 000
Hauptstadt Valletta **Sprachen** Maltesisch, Englisch, Italienisch

MONACO
Fläche 2 km² **Einwohner** 32 000
Hauptstadt Monaco **Sprache** Französisch

PORTUGAL
Fläche 92 389 km² **Einwohner** 9 989 000
Hauptstadt Lissabon **Sprache** Portugiesisch
Religionen Katholiken 97%, Protestanten 1%, sonstige 2%

SAN MARINO
Fläche 60,5 km² **Einwohner** 26 000
Hauptstadt San Marino **Sprache** Italienisch

SPANIEN
Fläche 504 782 km² **Einwohner** 39 410 000
Hauptstadt Madrid **Sprachen** Spanisch, Katalanisch, Baskisch, Galizisch **Religionen** Katholiken 99%, sonstige 1%
Hauptwirtschaftszweige Fahrzeuge, Bekleidung, Schuhe, Chemikalien, Metalle, Nahrungsmittel und Getränke, Fremdenverkehr

VATIKANSTADT
Fläche 0,44 km² **Einwohner** 455

ZYPERN
Fläche 9251 km² **Einwohner** 760 000
Hauptstadt Nicosia **Sprachen** Griechisch, Türkisch, Englisch

Von den 72 befestigten Wohntürmen, die vor 600 Jahren das Stadtbild von San Gimignano *(unten)* in der Toskana prägten, sind heute nur noch 15 erhalten.

FAKTEN U. ZAHLEN II

Haus in der Schweiz.

MITTELEUROPA

DEUTSCHLAND
Fläche 356 854 km² **Einwohner** 82 100 000 **Hauptstadt** Berlin **Sprache** Deutsch **Religionen** Protestanten 45%, Katholiken 37%, sonstige 18%

LIECHTENSTEIN
Fläche 160 km² **Einwohner** 32 000 **Hauptstadt** Vaduz **Sprache** Deutsch

ÖSTERREICH
Fläche 83 859 km² **Einwohner** 8 092 000 **Hauptstadt** Wien **Sprache** Deutsch **Religionen** Katholiken 85%, sonstige 15%

POLEN
Fläche 312 683 km² **Einwohner** 38 654 000 **Hauptstadt** Warschau **Sprache** Polnisch **Religionen** Katholiken 95%, sonstige 5%

SCHWEIZ
Fläche 41 293 km² **Einwohner** 7 136 000 **Hauptstadt** Bern **Sprachen** Deutsch, Französisch, Italienisch **Religionen** Katholiken 48%, Protestanten 44%, sonstige 8%

SLOWAKEI
Fläche 49 035 km² **Einwohner** 5 396 000 **Hauptstadt** Pressburg **Sprachen** Slowakisch, Ungarisch, Tschechisch **Religionen** Katholiken 64%, Protestanten 8%, sonstige 28%

SLOWENIEN
Fläche 20 251 km² **Einwohner** 1 986 000 **Hauptstadt** Laibach **Sprache** Slowenisch **Religionen** Katholiken 96%, sonstige 4%

TSCHECHISCHE REPUBLIK
Fläche 78 864 km² **Einwohner** 10 278 000 **Hauptstadt** Prag **Sprache** Tschechisch **Religionen** Katholiken 39%, Protestanten 4%, sonstige 57%

UNGARN
Fläche 93 030 km² **Einwohner** 10 068 000 **Hauptstadt** Budapest **Sprache** Ungarisch **Religionen** Katholiken 68%, Protestanten 25%, sonstige 7%

Auf einem Hügel über der Stadt erhebt sich die Prager Burg, auch Hradschin genannt.

EUROPA

BALKAN

Kroatien

Bosnien und Herzegowina

Jugoslawien

Makedonien

Albanien

Bulgarien

Rumänien

OSTEUROPA

Litauen

Lettland

Estland

Weißrussland

Ukraine

Moldawien

ALBANIEN
Fläche 27 398 km² **Einwohner** 3 375 000
Hauptstadt Tirana **Sprache** Albanisch
BOSNIEN UND HERZEGOWINA
Fläche 51 129 km² **Einwohner** 3 881 000
Hauptstadt Sarajevo **Sprache** Serbo-Kroatisch
BULGARIEN
Fläche 110 994 km² **Einwohner** 8 208 000
Hauptstadt Sofia **Sprachen** Bulgarisch, Türkisch, Makedonisch
JUGOSLAWIEN
Fläche 102 350 km² **Einwohner** 10 616 000
Hauptstadt Belgrad **Sprachen** Serbo-Kroatisch, Albanisch, Ungarisch
KROATIEN
Fläche 56 538 km² **Einwohner** 4 464 000
Hauptstadt Zagreb **Sprache** Serbo-Kroatisch
MAKEDONIEN
Fläche 25 713 km² **Einwohner** 2 021 000
Hauptstadt Skopje **Sprachen** Makedonisch, Albanisch
RUMÄNIEN
Fläche 237 500 km² **Einwohner** 22 458 000
Hauptstadt Bukarest **Sprachen** Rumänisch, Ungarisch, Deutsch

ESTLAND
Fläche 45 125 km² **Einwohner** 1 442 000
Hauptstadt Reval (Tallinn) **Sprachen** Estnisch, Russisch
LETTLAND
Fläche 64 589 km² **Einwohner** 2 431 000
Hauptstadt Riga **Sprachen** Lettisch, Russisch
LITAUEN
Fläche 65 200 km² **Einwohner** 3 699 000
Hauptstadt Wilna **Sprachen** Litauisch, Russisch, Polnisch, Weißrussisch
MOLDAWIEN
Fläche 33 700 km² **Einwohner** 4 281 000
Hauptstadt Kischinew **Sprachen** Rumänisch (Moldawisch), Ukrainisch, Russisch
UKRAINE
Fläche 603 700 km² **Einwohner** 49 950 000
Hauptstadt Kiew **Sprachen** Ukrainisch, Russisch
WEISSRUSSLAND
Fläche 207 600 km² **Einwohner** 10 032 000
Hauptstadt Minsk **Sprache** Weißrussisch

RUSSLAND

Fläche 17 075 400 km² **Einwohner** 146 200 000 **Hauptstadt** Moskau **Sprachen** Russisch, 38 weitere Sprachen **Religionen** Russisch-Orthodoxe 75%, sonstige 25% **Währung** Rubel **Höchster Punkt** Elbrus 5642 m **Hauptwirtschaftszweige** Erdöl, Maschinen, Chemikalien, Stahl, Flugzeuge, Waffen, Eisenbahnen, Textilien **Größte Städte** Moskau (8 638 100), St. Petersburg (4 827 538), Nowosibirsk (1 401 100), Nischnij Nowgorod (1 391 250), Jekaterinburg (1 322 950)

Europa

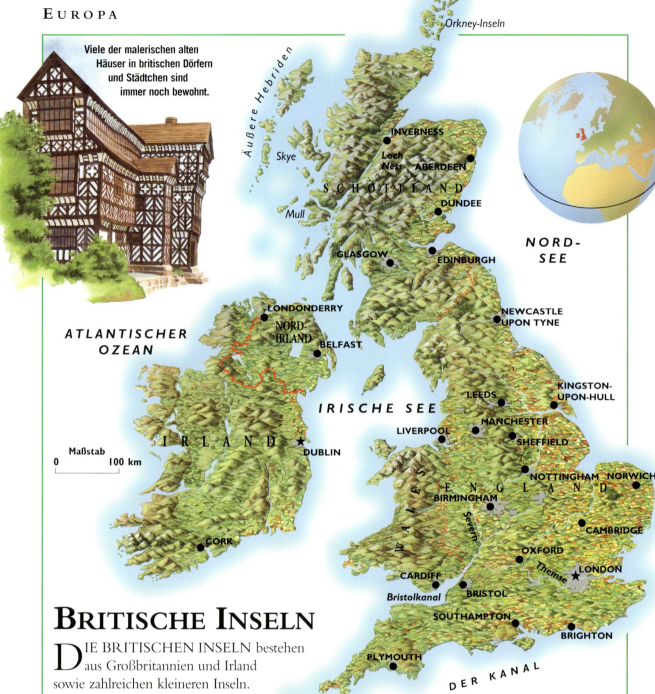

Viele der malerischen alten Häuser in britischen Dörfern und Städtchen sind immer noch bewohnt.

Britische Inseln

DIE BRITISCHEN INSELN bestehen aus Großbritannien und Irland sowie zahlreichen kleineren Inseln. England, Wales, Schottland und Nordirland bilden das Vereinigte Königreich von Großbritannien. Das übrige Irland erlangte 1922 die Unabhängigkeit. Seit langem bestehen Konflikte zwischen den Katholiken und Protestanten Nordirlands.

Berge beherrschen den Norden Schottlands. Auch Nordengland und Wales besitzen größere Hochlandflächen, während sich in Mittel- und Südengland Acker- und Weideland mit städtischen Zentren abwechseln. Die Landschaft der „grünen Insel" Irland wird durch üppige Wiesen und Weiden geprägt.

Das Vereinigte Königreich war früher ein Zentrum der Schwerindustrie, insbesondere für Kohlebergbau und Schiffswerften. Heute überwiegt die Leichtindustrie zum Beispiel auf dem Kunststoff- und Elektroniksektor. Daneben gewinnen Dienstleistungen im Kommunikations- und Finanzbereich an Bedeutung.

Englisch ist die wichtigste Fremdsprache der Welt und hat sich als Verkehrssprache im Internet und internationalen Kommunikationssystemen durchgesetzt.

FRANKREICH

IM OSTEN grenzt Frankreich an mehrere andere Länder, im Norden und Westen an das Meer. Nach Süden hin riegeln die hohen Berge der Pyrenäen und Alpen Frankreich gegen Spanien und Italien ab. Die südliche Mittelmeerküste mit ihrem warmen Klima ist ein beliebtes Ziel für Touristen.

Weite Teile Frankreichs, insbesondere der flache Norden, sind durch die Landwirtschaft geprägt. Mehrere große Flüsse durchziehen die fruchtbaren, hügeligen Ebenen. Frankreich exportiert überwiegend Nahrungsmittel und hochwertige Weine, besitzt jedoch auch eine moderne Industrie mit den Schwerpunkten Fertigung und Chemie. Die Stromversorgung des Landes erfolgt vor allem durch Kernkraftwerke.

Die meisten Franzosen sind Nachfahren der keltischen Gallier oder der germanischen Franken, nach denen das Land benannt wurde. In jüngerer Zeit konnte man aber auch einen starken Zustrom von Nordafrikanern aus den früheren Kolonien Frankreichs beobachten.

Vor der Küste Nordfrankreichs liegt die Granitinsel Mont-Saint-Michel. Der Straßendamm, der sie mit dem Festland verbindet, kann nur bei Ebbe benutzt werden.

EUROPA EUROPÄISCHES NORDMEER

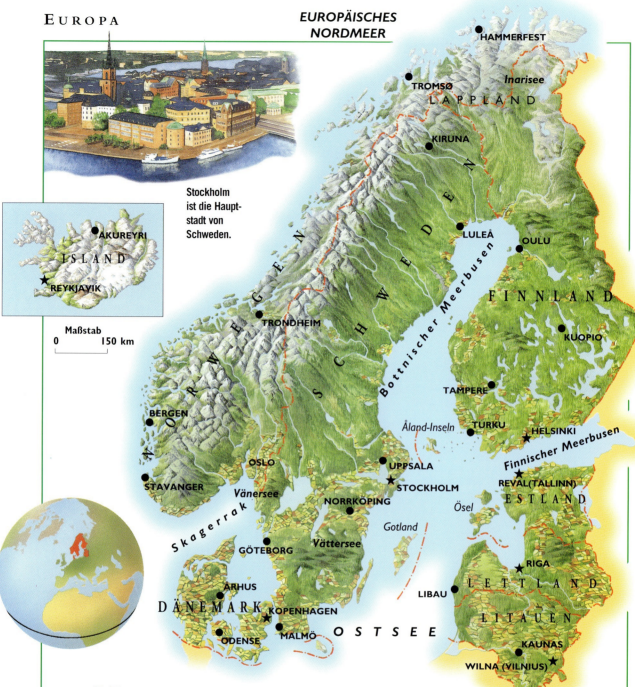

Stockholm ist die Hauptstadt von Schweden.

Maßstab 0 150 km

NORDEUROPA

NORWEGEN, Schweden und meist auch Dänemark werden als Skandinavien bezeichnet. Zusammen mit Finnland und der Vulkaninsel Island bilden sie die nordischen Länder. Teile von Norwegen, Schweden und Finnland befinden sich oberhalb des Polarkreises, wo die Sonne im Hochsommer nie unter-, im tiefsten Winter dagegen überhaupt nicht aufgeht.

Norwegen und Schweden sind gebirgig, während Finnland und Dänemark überwiegend aus Tiefebenen bestehen. In Finnland gibt es viele Seen und dichte Nadelwälder. Die norwegische Küste ist von Fjorden geprägt.

Die dünn besiedelten nordischen Länder besitzen einen hohen Lebensstandard. Sie sind wichtige Lieferanten von Nutzholz und führend in der Fertigungsindustrie. In Dänemark überwiegt die Milchwirtschaft und Schweinezucht.

Die baltischen Staaten Estland, Lettland und Litauen gehörten früher zur Sowjetunion. Ihre wichtigsten Erwerbszweige sind Fischerei, Forst- und Landwirtschaft.

EUROPA

DEUTSCHLAND UND SEINE NACHBARN

IM HERZEN EUROPAS liegt Deutschland. Seine Nachbarn im Süden sind Österreich und die Schweiz, während es zur Nordsee hin von den Benelux-Ländern Belgien, Luxemburg und Niederlande begrenzt wird.

Der flache, fruchtbare Norden Deutschlands geht in dicht bewaldete Mittelgebirge und in die Alpen über. Das wohlhabende Land gehört zu den führenden Industrienationen.

Die Alpen erstrecken sich von Süddeutschland in die Schweiz und nach Österreich hinein. Diese beiden Länder sind von malerischen Gebirgslandschaften geprägt und verfügen über moderne Industrie.

Das Brandenburger Tor in Berlin.

Die Niederlande sind berühmt für ihre Milcherzeugnisse und riesigen Blumenfelder. Belgien lässt sich in zwei Regionen unterteilen: Das nördliche Flandern, in dem Niederländisch gesprochen wird und das französischsprachige, bewaldete Wallonien im Süden.

Das Atomium – Wahrzeichen von Brüssel.

Spanien u. Portugal

DER MÄCHTIGE GEBIRGSZUG der Pyrenäen trennt die Iberische Halbinsel mit den Ländern Spanien und Portugal vom übrigen Kontinent ab. Das Zentrum der Halbinsel bildet die Meseta, eine steppenähnliche Hochfläche, die von mehreren Hügelketten durchzogen wird.

In Spanien gibt es vier Amtssprachen: Spanisch, Katalanisch, Baskisch und Galicisch sowie mehrere Dialekte. Die Industriezentren Spaniens sind im kühleren Norden angesiedelt. Das Kernland ist so trocken, dass weite Flächen brach liegen oder als karge Weiden für Schafe und Ziegen dienen. Die warme, sonnige Mittelmeerküste zieht jeden Sommer zahlreiche Touristen an. Andalusien im Süden ist bekannt wegen seiner Stierkämpfe, Sherry-Weine, Orangenhaine und Flamenco-Tänzer.

Von Portugal brachen einst viele Seefahrer auf, um neue Länder zu erkunden. Portugiesische Entdecker gründeten vor über 500 Jahren Kolonien in Afrika, Asien und Amerika. Heute zählen Oliven- und Weinanbau sowie die Fischerei zu den Haupterwerbszweigen des Landes. Portugal beliefert die Welt mit Anchovis, Sardinen, Schalentieren und Portwein. An der Küste der Algarve im trockenen Süden blüht der Fremdenverkehr.

Bei Porto im Norden Portugals spannt sich die Luiz-I-Brücke über den Douro.

EUROPA

Das auf mehreren Inseln in einer Lagune erbaute Venedig ist von vielen Kanälen durchzogen, die mit Gondeln und anderen Booten befahren werden.

ITALIEN

DAS AUF DREI SEITEN vom Meer umgebene Italien hat die Form eines Stiefels. Nach Norden wird es von Alpenketten begrenzt, darunter die zerklüfteten Kalksteingipfel der Dolomiten. Vom Norden bis fast hinunter zur Stiefelspitze verlaufen die dicht bewaldeten Apenninen. Die beiden Inseln Sizilien und Sardinien sind rau und gebirgig.

In Italien gibt es drei aktive Vulkane: Vesuv, Stromboli und Ätna. Bei einem Ausbruch des Vesuv im Jahr 79 n. Chr. wurde die Stadt Pompeji unter Asche begraben. Die teilweise frei gelegten Ruinen geben Zeugnis von der einstigen Größe der römischen Zivilisation.

Norditalien ist fruchtbarer als der Süden, Sizilien und Sardinien. Hier gedeihen Wein und Obst, Weizen, Mais und Tomaten. Aber auch bedeutende Industriezentren wie Mailand und Turin sind im Norden angesiedelt.

Innerhalb der Hauptstadt Rom befindet sich Vatikanstadt, der kleinste unabhängige Staat der Welt. Hier residiert der Papst, das Oberhaupt der römisch-katholischen Kirche.

EUROPA

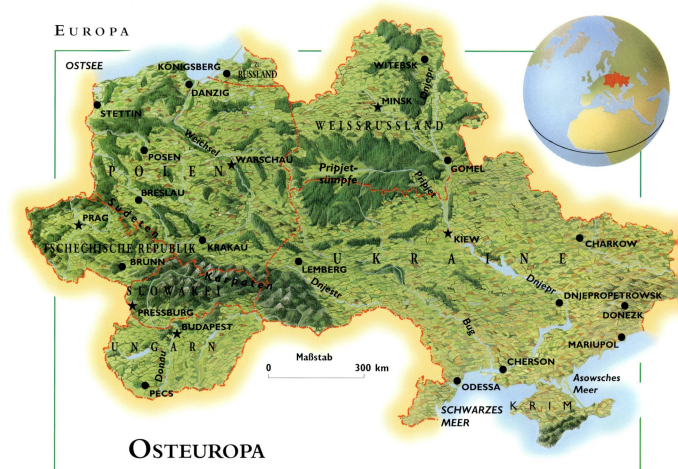

OSTEUROPA

ÜBER GROSSE TEILE von Osteuropa erstrecken sich flache Tiefebenen, die meist als Ackerland genutzt werden. In höheren Lagen gibt es allerdings auch noch Urwälder mit Elchen, Wölfen und Wisentherden. Der Norden eignet sich mit seinem warmen Sommer zum Kartoffel- und Getreideanbau. Dazu kommen Milch- und Mastviehhaltung.

Polen ist ein Zentrum der Schwerindustrie mit Kohlebergbau, Eisen- und Stahlerzeugung, Fahrzeug- und Maschinenbau sowie Glasherstellung. Die Kohlekraftwerke und die hohe Industriedichte in manchen Regionen haben jedoch zu erheblichen Umweltschäden geführt.

Im Süden begrenzen die Sudeten und Karpaten die Tschechische Republik und bedecken einen Großteil der Slowakei. Die Täler werden für den Anbau von Getreide und Rüben sowie für Viehhaltung genutzt. In den fruchtbaren Tiefebenen Ungarns gedeihen Wein und Obst. Alle drei Länder exportieren Fahrzeuge, Chemikalien und Textilien.

Die weiten Ebenen der Ukraine mit ihren ertragreichen Schwarzerdeböden werden für den intensiven Anbau von Weizen, Gerste,

Odessa ist ein bedeutender Industriehafen an der Südküste der Ukraine. Die warmen Gewässer des Schwarzen Meeres haben diese Küste zu einem beliebten Ziel für Touristen gemacht.

Zuckerrüben und Sonnenblumen genutzt. Zentrum der verarbeitenden Industrie sind die großen Städte im Südosten des Landes.

Durch politische Veränderungen haben sich die Grenzen in Osteuropa verschoben. So wurden in jüngster Zeit viele Länder unabhängig, die zur früheren Sowjetunion gehört oder unter ihrer Herrschaft gestanden hatten. Sie erleben seither einen wirtschaftlichen Aufschwung.

EUROPA

SÜDOSTEUROPA

DER BALKAN, der den größten Teil Südosteuropas ausmacht, ist eine Region zerklüfteter Berge und tief eingeschnittener Täler. Die Winter sind kalt, aber die warmen Sommer erlauben den Anbau von Baumwolle, Tabak und Trauben. Ein Teil der heutigen Balkanstaaten gehörte früher zu Jugoslawien. Die Entstehung neuer Grenzen sowie Spannungen zwischen den zahlreichen ethnischen Gruppen haben immer wieder zu Konflikten geführt.

Griechenland blickt auf eine der ältesten Zivilisationen der Welt zurück. Das von Gebirgen durchzogene Land ist von zahlreichen Inseln umgeben. Seine Wirtschaft beruht größtenteils auf Reedereien und Fremdenverkehr.

Der Kanal von Korinth bietet eine Durchfahrt zwischen Ionischem und Ägäischem Meer.

Um Heu zu lagern, haben slowenische Bauernhäuser einen Holzrahmen, auch *Kozolec* genannt.

Die Türkei bildet eine Brücke zwischen Europa und Asien, die durch die schmale Bosporus-Meerenge voneinander getrennt sind. An den Küsten der Türkei ist es warm, aber im trockenen Hinterland herrscht im Winter oft bittere Kälte. Die Türkei ist berühmt für ihre Teppiche und Töpferwaren. Die Mittelmeerküste sowie eine Reihe von antiken Stätten locken zahlreiche Touristen an.

EUROPA

RUSSLAND

RUSSLAND erstreckt sich über die beiden Kontinente Europa und Asien. Es ist das größte Land der Welt. Bis zum Jahr 1991 gehörte es zum Staatenverband der Sowjetunion. Die meisten Russen leben im europäischen Teil westlich des Uralgebirges, viele in Großstädten wie Moskau und Sankt Petersburg. In dieser Region befinden sich die fruchtbarsten Ackerflächen für den Getreide-, Gemüse- und Kartoffelanbau.

Östlich des Urals beginnt Sibirien, eine endlose, dünn besiedelte Wildnis mit frostigem Tundraklima im Norden und einem subarktischen Nadelwaldgürtel, der so genannten Taiga, weiter südlich. Im Südosten befindet sich der Baikalsee, der tiefste See der Welt. Sibirien besitzt neben Eisen reiche Kohle-, Erdöl- und Erdgasvorkommen.

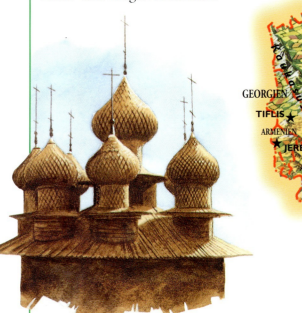

Viele russische Bauwerke sind aus Holz errichtet. Diese Kirche erhebt sich auf einer Insel im Onegasee bei Sankt Petersburg.

Am Rande des Nordpolarmeers leben verschiedene Inuitstämme, die Rentier- oder Rinderherden halten und Tierhäute und Pelze zu warmer Kleidung verarbeiten.

Die Transsibirische Eisenbahn, die quer durch den Süden von Sibirien führt, ist die längste Bahnlinie der Welt und eine lebenswichtige Verbindung zwischen West und Ost. Die Reise von Moskau bis nach Wladiwostok dauert nicht weniger als acht Tage.

Seit dem Zerfall der Sowjetunion hat Russland trotz seiner Bodenschätze, hoch entwickelten Industrie und modernen Technologien mit wirtschaftlichen Problemen zu kämpfen.

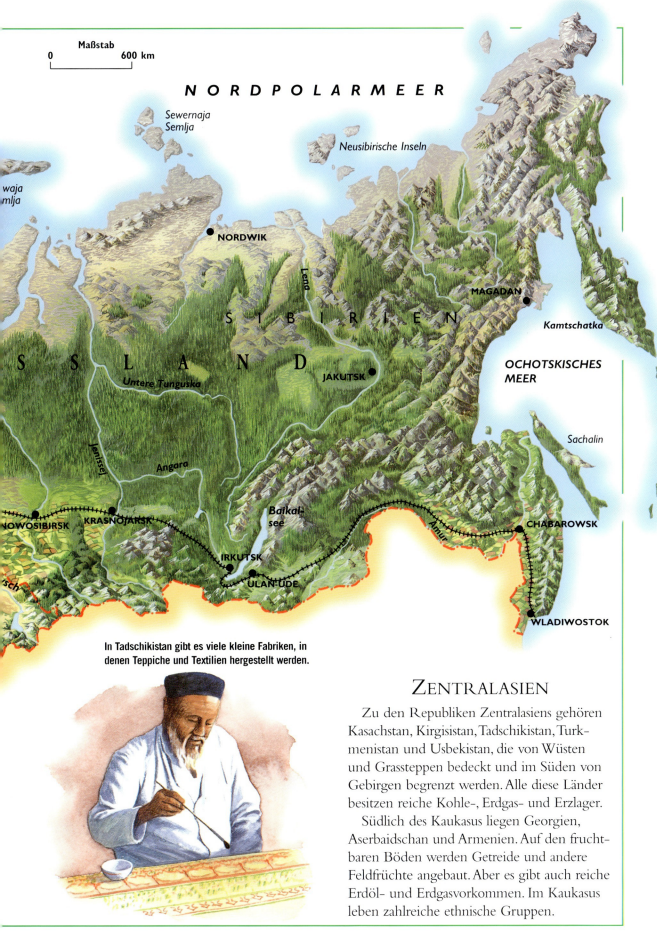

In Tadschikistan gibt es viele kleine Fabriken, in denen Teppiche und Textilien hergestellt werden.

ZENTRALASIEN

Zu den Republiken Zentralasiens gehören Kasachstan, Kirgisistan, Tadschikistan, Turkmenistan und Usbekistan, die von Wüsten und Grassteppen bedeckt und im Süden von Gebirgen begrenzt werden. Alle diese Länder besitzen reiche Kohle-, Erdgas- und Erzlager.

Südlich des Kaukasus liegen Georgien, Aserbaidschan und Armenien. Auf den fruchtbaren Böden werden Getreide und andere Feldfrüchte angebaut. Aber es gibt auch reiche Erdöl- und Erdgasvorkommen. Im Kaukasus leben zahlreiche ethnische Gruppen.

ASIEN

ASIEN ist der größte aller Kontinente. Russland nimmt den gesamten Norden ein. Weiter südlich erstrecken sich die Grasebenen oder Steppen Zentralasiens. Sie gehen in ausgedehnte Wüstengebiete über, die im Winter bitterkalt sein können.

Auch der unter dem Namen Naher Osten bekannte Südwesten Asiens besteht zum Großteil aus Wüsten. Diese Gebiete sind heiß, trocken und vielerorts extrem sandig. Südasien wird durch das höchste Gebirgsmassiv der Erde, den Himalaya, vom übrigen Kontinent abgeriegelt. Hier herrscht ein Monsunklima mit langen Trockenperioden, gefolgt von anhaltenden Regenfällen. Der Südosten besteht aus der Halbinsel Hinterindien und den Inseln Indonesiens, die zum Teil von Regenwäldern bedeckt sind.

Obwohl weite Gebiete Asiens unbewohnt sind, hat der Kontinent die höchsten Bevölkerungszahlen der Welt. Im Süden und Osten haben es manche Staaten mit Erdöl oder hochmodernen Industrien zu Wohlstand gebracht. In vielen anderen Ländern herrscht Armut, da viele Menschen von der Landwirtschaft leben und unter den häufigen Überschwemmungen und Dürren leiden. Viele Bauern suchen in den Ballungszentren Arbeit und so verzeichnen die Großstädte Asiens die stärksten Wachstumsraten der Welt.

Katmandu, die Hauptstadt Nepals, liegt in einem Tal des Himalaya. Von hier aus unternehmen viele Touristen in Begleitung einheimischer Führer oder Sherpas Klettertouren in die Berge.

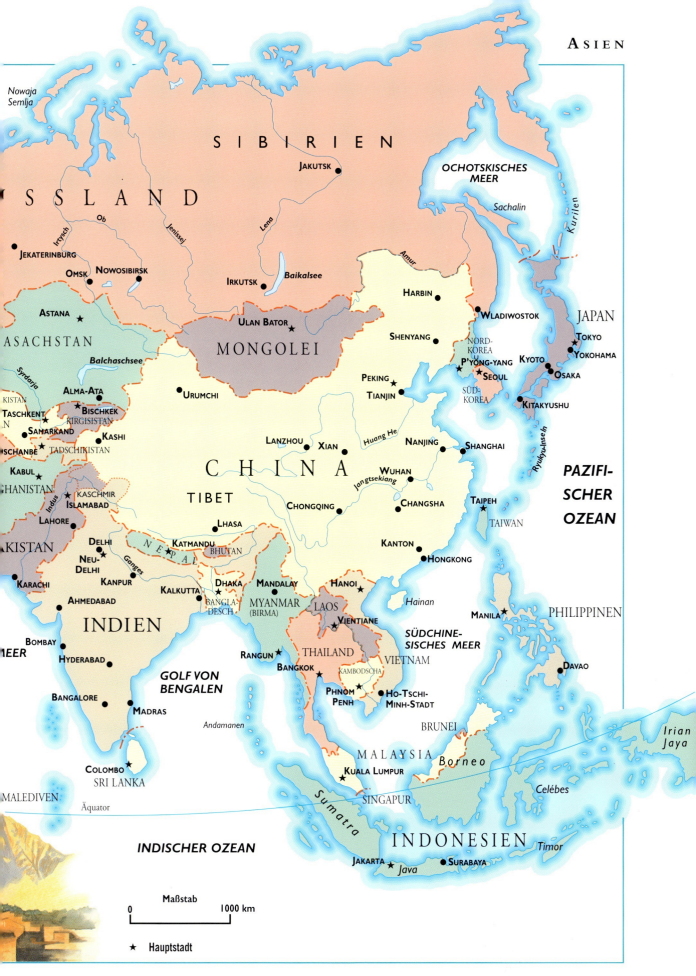

ASIEN

FAKTEN U. ZAHLEN I

Tiger aus Südasien.

SÜDASIEN

Afghanistan

Nepal

Bhutan

Malediven

Sri Lanka

Bangladesch

AFGHANISTAN
Fläche 652 225 km² **Einwohner** 25 869 000
Hauptstadt Kabul **Sprachen** Paschtu, Dari
BANGLADESCH
Fläche 143 998 km² **Einwohner** 127 669 000
Hauptstadt Dhaka **Sprachen** Bengali/Bangla, Englisch
BHUTAN
Fläche 47 000 km² **Einwohner** 782 000
Hauptstadt Thimphu **Sprache** Dsongha
MALEDIVEN
Fläche 298 km² **Einwohner** 269 000
Hauptstadt Malé **Sprachen** Divehi, Englisch
NEPAL
Fläche 147 181 km² **Einwohner** 23 384 000
Hauptstadt Katmandu **Sprachen** Nepali, Bihari, tibetische Dialekte
SRI LANKA
Fläche 64 453 km² **Einwohner** 18 985 000
Hauptstadt Colombo **Sprachen** Singhalesisch, Tamilisch, Englisch

PAKISTAN

Fläche 803 943 km² **Einwohner** 134 790 000
Hauptstadt Islamabad **Sprachen** Urdu u. a.
Religionen Muslime 97%, sonstige 3%
Währung Pakistanische Rupie

INDIEN

Fläche 3 287 590 km² **Einwohner** 997 515 000 **Hauptstadt** Neu-Delhi
Sprachen Hindi, Bengali, Bihari, Telugu, Marathi, Tamil, Englisch **Religionen** Hinduisten 83%, Muslime 11%, Christen 2%, Sikhs 2%, sonstige 2% **Währung** Rupie

WEST- UND ZENTRALASIEN

Georgien

Aserbaidschan

Armenien

Kasachstan

Turkmenistan

Usbekistan

Tadschikistan

Kirgisistan

ARMENIEN
Fläche 29 800 km² **Einwohner** 3 809 000
Hauptstadt Jerewan **Sprache** Armenisch
ASERBAIDSCHAN
Fläche 88 600 km² **Einwohner** 7 983 000
Hauptstadt Baku **Sprache** Aseri
GEORGIEN
Fläche 69 700 km² **Einwohner** 5 452 000
Hauptstadt Tiflis **Sprache** Georgisch
KASACHSTAN
Fläche 2 717 300 km² **Einwohner** 14 927 000 **Hauptstadt** Astana **Sprachen** Kasachisch, Russisch
KIRGISISTAN
Fläche 198 500 km² **Einwohner** 4 865 000
Hauptstadt Bischkek **Sprache** Kirgisisch
TADSCHIKISTAN
Fläche 143 100 km² **Einwohner** 6 237 000
Hauptstadt Duschanbe **Sprache** Tadschikisch
TURKMENISTAN
Fläche 488 100 km² **Einwohner** 4 779 000
Hauptstadt Aschchabad **Sprache** Turkmenisch
USBEKISTAN
Fläche 447 400 km² **Einwohner** 24 406 000
Hauptstadt Taschkent **Sprache** Usbekisch

ASIEN

NAHER OSTEN

BAHRAIN
Fläche 691,2 km² **Einwohner** 666 000
Hauptstadt Manama **Sprache** Arabisch
Religionen Muslime 85%, Christen 7%, sonstige 7%
IRAN
Fläche 1 648 000 km² **Einwohner** 62 977 000 **Hauptstadt** Teheran **Sprache** Persisch **Religionen** Muslime 99%, sonstige 1%
IRAK
Fläche 438 317 km² **Einwohner** 22 797 000
Hauptstadt Bagdad **Sprache** Arabisch
Religionen Muslime 97%, sonstige 3%
ISRAEL
Fläche 21 946 km² **Einwohner** 6 105 000
Hauptstadt Jerusalem **Sprachen** Hebräisch, Arabisch **Religionen** Juden 82%, Muslime 14%, Christen 2%, sonstige 2%
JEMEN
Fläche 477 530 km² **Einwohner** 17 048 000
Hauptstadt Sana **Sprache** Arabisch
Religionen Muslime 97%, sonstige 3%
JORDANIEN
Fläche 97 740 km² **Einwohner** 4 740 000
Hauptstadt Amman **Sprache** Arabisch
Religionen Muslime 92%, sonstige 8%
KATAR
Fläche 11 437 km² **Einwohner** 565 000
Hauptstadt Doha **Sprache** Arabisch
Religionen Muslime 95%, sonstige 5%
KUWAIT
Fläche 17 818 km² **Einwohner** 1 924 000
Hauptstadt Kuwait **Sprache** Arabisch
Religionen Muslime 85%, sonstige 15%
LIBANON
Fläche 10 452 km² **Einwohner** 4 271 000
Hauptstadt Beirut **Sprache** Arabisch
Religionen Muslime 75%, Christen 25%
OMAN
Fläche 271 950 km² **Einwohner** 2 348 000
Hauptstadt Maskat **Sprache** Arabisch
SAUDI-ARABIEN
Fläche 2 400 900 km² **Einwohner** 20 198 000 **Hauptstadt** Er Riad **Sprache** Arabisch **Religion** Muslime 100%
SYRIEN
Fläche 185 180 km² **Einwohner** 15 711 000
Hauptstadt Damaskus **Sprache** Arabisch
Religionen Muslime 90%, sonstige 10%
VEREINIGTE ARABISCHE EMIRATE
Fläche 75 150 km² **Einwohner** 2 815 000
Hauptstadt Abu Dhabi **Sprache** Arabisch
Religionen Muslime 96%, sonstige 4%

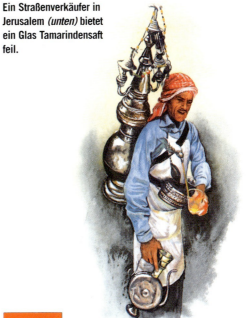

Ein Straßenverkäufer in Jerusalem *(unten)* bietet ein Glas Tamarindensaft feil.

TÜRKEI

Fläche 779 452 km² **Einwohner** 64 385 000
Hauptstadt Ankara **Sprache** Türkisch
Religionen Muslime 99%, sonstige 1%
Währung Türkische Lira

ASIEN

FAKTEN U. ZAHLEN II

JAPAN

Fläche 377 815 km² **Einwohner** 126 570 000 **Hauptstadt** Tokyo D.C. **Sprache** Japanisch **Religionen** Shintoisten und Buddhisten 92%, sonstige 8% **Währung** Yen **Höchster Punkt** Fujiyama 3776 m **Hauptwirtschaftszweige** Fahrzeuge, Elektronik, Schiffsbau, Stahl, Metalle, Textilien, Telekommunikation

Dieses Hani-Mädchen *(oben)* gehört zu einem der vielen nicht chinesischen Volksstämme der Provinz Yunnan im Süden Chinas.

Taiwan

OSTASIEN

Südkorea · Nordkorea · Mongolei

CHINA

Fläche 9 571 300 km² **Einwohner** 1 260 750 000 **Hauptstadt** Peking **Sprache** Chinesisch (viele Dialekte) **Religionen** Konfuzianer, Taoisten, Buddhisten, Muslime **Währung** Yuan **Höchster Punkt** Mount Everest 8863 m **Hauptwirtschaftszweige** Textilien, Bekleidung, Eisen und Stahl, Düngemittel, Waffen, Elektronik, Spielzeug **Größte Städte** Shanghai (13 659 000), Peking (10 780 000) Tianjin (10 687 000), Tsingtau (5 124 868), Shenyang (4 655 280)

MONGOLEI
Fläche 1 565 000 km² **Einwohner** 2 378 000 **Hauptstadt** Ulan Bator **Sprache** Chalcha-Mongolisch
NORDKOREA
Fläche 120 538 km² **Einwohner** 23 414 000 **Hauptstadt** P'yŏng-yang **Sprache** Koreanisch
SÜDKOREA
Fläche 99 222 km² **Einwohner** 46 858 000 **Hauptstadt** Seoul **Sprache** Koreanisch
TAIWAN
Fläche 35 590 km² **Einwohner** 22 092 000 **Hauptstadt** Taipeh **Sprache** Chinesisch

Ein Trauerzug nach südkoreanischem Brauch. Die meisten Südkoreaner sind Buddhisten oder Christen, aber es gibt auch noch Anhänger des uralten Schamanenglaubens, demzufolge neben der realen Welt eine Geisterwelt existiert. Priester oder Schamanen gelten als Mittler zwischen den beiden Welten.

ASIEN

SÜDOSTASIEN

 Philippinen
 Brunei
 Singapur
 Myanmar (Birma)
 Thailand
 Malaysia
 Kambodscha
 Laos
 Vietnam

Vietnamesischer Junge.

BRUNEI
Fläche 5765 km² **Einwohner** 322 000
Hauptstadt Bandar Seri Begawan **Sprachen** Malaiisch, Chinesisch **Religionen** Muslime 66%, Buddhisten 14%, Christen 10%, sonstige 10%

KAMBODSCHA
Fläche 181 035 km² **Einwohner** 11 757 000
Hauptstadt Phnom Penh **Sprache** Khmer
Religionen Buddhisten 95%, sonstige 5%

Brücke über den Mekong in Vietnam.

LAOS
Fläche 236 800 km² **Einwohner** 5 097 000
Hauptstadt Vientiane **Sprachen** Laotisch, Französisch **Religionen** Buddhisten 85%, sonstige 15%

MALAYSIA
Fläche 329 758 km² **Einwohner** 22 710 000
Hauptstadt Kuala Lumpur **Sprache** Malaiisch
Religionen Muslime 53%, sonstige 47%

MYANMAR (BIRMA)
Fläche 672 552 km² **Einwohner** 45 029 000
Hauptstadt Rangun **Sprache** Birmanisch
Religionen Buddhisten, 89%, Muslime 4%, Christen 4%, sonstige 3%

PHILIPPINEN
Fläche 300 000 km² **Einwohner** 74 259 000
Hauptstadt Manila **Sprachen** Englisch, Pilipino **Religionen** Katholiken 83%, Protestanten 9%, Muslime 5%, sonstige 3%

SINGAPUR
Fläche 616 km² **Einwohner** 3 952 000 **Sprachen** Chinesisch, Englisch, Malaiisch, Tamil
Religionen Taoisten 29%, Buddhisten, 27%, Muslime 16%, Christen 10%, sonstige 18%

THAILAND
Fläche 513 115 km² **Einwohner** 60 246 000
Hauptstadt Bangkok **Sprache** Thai
Religionen Buddhisten 95%, sonstige 5%

VIETNAM
Fläche 328 566 km² **Einwohner** 77 515 000
Hauptstadt Hanoi **Sprachen** Vietnamesisch, Französisch **Religionen** Buddhisten 55%, Christen 7%, sonstige 38%

INDONESIEN

Fläche 1 904 569 km² **Einwohner** 207 022 000 **Hauptstadt** Jakarta **Sprache** Indonesisch **Religionen** Muslime 87% Protestanten 6%, Katholiken 3%, sonstige 4%
Währung Indonesische Rupie

ASIEN

DER NAHE OSTEN

UNTER der Bezeichnung Naher Osten versteht man die Länder ganz im Südwesten Asiens. In der überwiegend gebirgigen oder von Wüsten bedeckten Region herrscht ein heißes, trockenes Klima. Die wenigen fruchtbaren Gebiete befinden sich entlang der Mittelmeerküste und in den Schwemmlandebenen im östlichen Irak. Hier werden vor allem Zitrusfrüchte und Getreide angebaut.

Andere Nahost-Länder wie Saudi-Arabien, Kuwait und die Vereinigten Arabischen Emirate sind durch den Export von riesigen Erdölvorkommen in die ganze Welt reich geworden.

Es gibt im Nahen Osten Jahrtausende alte Städte mit engen Gassen um einen zentralen Marktplatz und eine meist prächtig ausgestattete Moschee. Mit Ausnahme von Israel, das sich dem Judentum verschrieben hat, sind die meisten Völker des Nahen Ostens Anhänger des Islam. Allerdings kommt es häufig zu religiösen und ethnischen Konflikten. Grenzstreitigkeiten haben in jüngerer Zeit zu Terroranschlägen und Kriegen geführt.

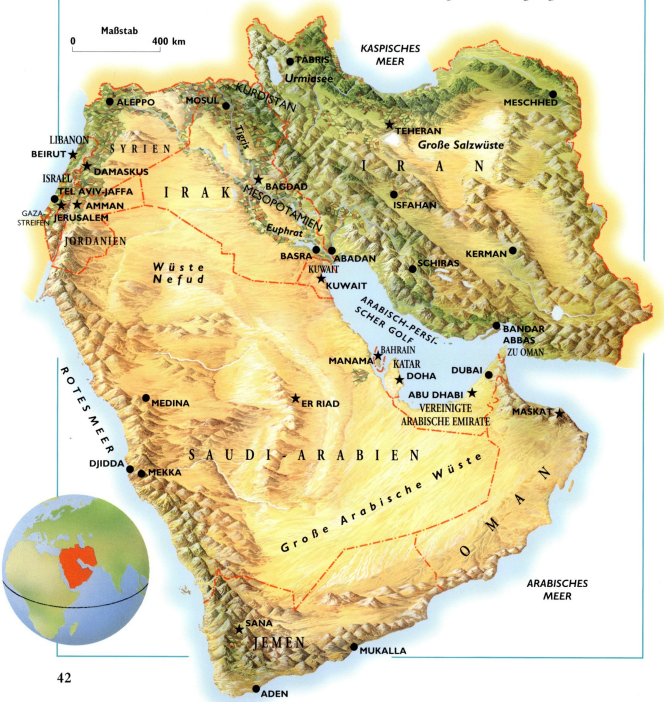

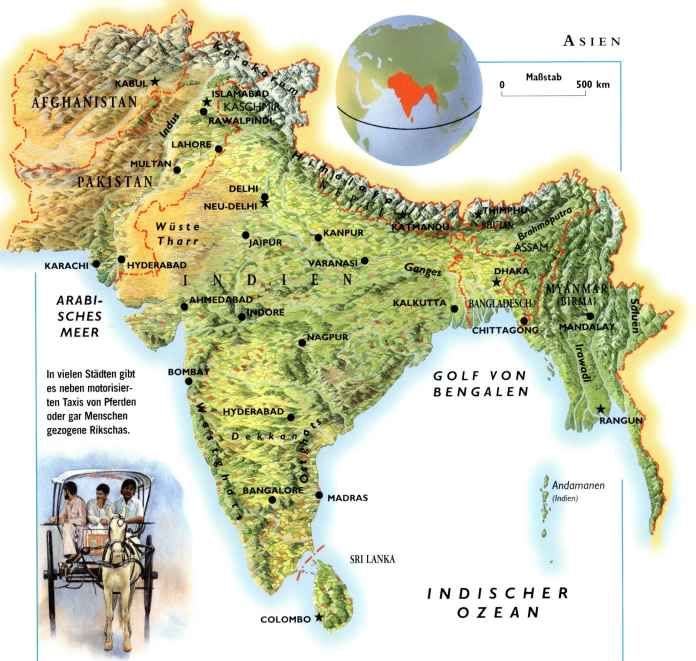

ASIEN

In vielen Städten gibt es neben motorisierten Taxis von Pferden oder gar Menschen gezogene Rikschas.

SÜDASIEN

DER INDISCHE Subkontinent umfasst Afghanistan, Pakistan, Indien, Bangladesch, Nepal, Bhutan und Sri Lanka. Der Norden ist größtenteils gebirgig und wird durch die mächtigen Himalaya- und Karakorum-Ketten vom übrigen Asien abgeriegelt. Die Wüstengebiete im Osten Pakistans und Nordosten Indiens grenzen an fruchtbarere Ebenen, in denen Reis und Baumwolle gedeihen. Das Schwemmland des Ganges gehört zu den ertragreichsten Gegenden der Welt. Auf Sri Lanka gibt es neben ausgedehnten Teeplantagen einen blühenden Fremdenverkehr.

Viele Menschen in Südasien sind sehr arm. Sie ernähren sich von dem, was sie selbst anbauen und sind deshalb von den Niederschlägen abhängig, die der Monsunwind bringt. Oft verdorrt die Ernte oder es kommt zu folgenschweren Überschwemmungen. Darüber hinaus haben lange Bürgerkriege Länder wie Afghanistan und Myanmar (Birma) an den Rand des Ruins gebracht.

Andere Teile Südasiens haben dagegen eine rasche Industrieentwicklung mitgemacht. Indien etwa produziert Textilien, Bekleidung und Maschinen für den Weltmarkt. Allerdings sind die meisten Großstädte von Arbeitssuchenden übervölkert.

ASIEN

CHINA

DAS DRITTGRÖSSTE Land der Welt hat zugleich die höchste Bevölkerungsdichte: Mehr als ein Fünftel aller Menschen lebt heute in China. Der Westen des Landes ist von Gebirgen, öden Wüsten und Graslandebenen durchzogen. Der höchste Berg der Erde, der Mount Everest, liegt an der Grenze zwischen Tibet und Nepal. Tibet war früher unabhängig, ist jedoch seit den 1950er Jahren von China besetzt.

Dagegen hat der Osten Chinas ein warmes Klima mit fruchtbaren Böden und Flusstälern. Gewaltige Ströme wie der Jangtsekiang und der Huang He oder Gelbe Fluss winden sich von den Bergen im Westen zum Meer. Der Große Kanal, auch Kaiserkanal genannt, ist mit 1790 Kilometern das längste Wasserwegesystem der Welt. Etwa 80 Prozent der chinesischen Gesamtbevölkerung ist im Osten angesiedelt. China ist ein Haupterzeuger von Tee, Weizen, Reis und Süßkartoffeln. Auf dem Land werden Geflügel und Schweine gehalten.

Viele der chinesischen Großstädte beherbergen Millionen von Menschen, die häufig auf engstem Raum leben. China verfügt über ergiebige natürliche Rohstoffe wie Kohle und Erdöl und hat eine moderne Schwerindustrie mit Stahlerzeugung und Chemiefabriken aufgebaut. Darüber hinaus zählt China zu den bedeutendsten Herstellern von Textilien, Bekleidung und Elektronik. Obwohl viele Chinesen arm sind, erlebt das Land zurzeit einen rasenden Wirtschaftsaufschwung.

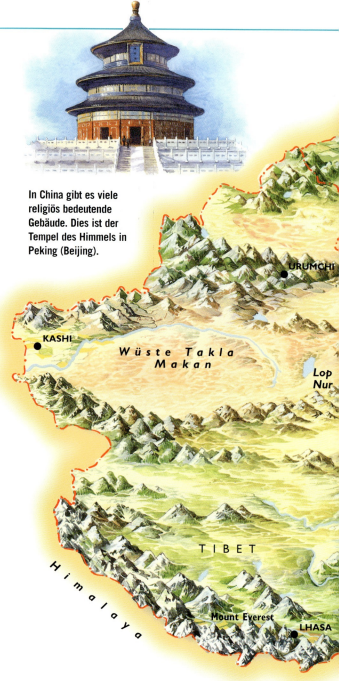

In China gibt es viele religiös bedeutende Gebäude. Dies ist der Tempel des Himmels in Peking (Beijing).

Bauern bringen ihre Erzeugnisse zum Markt.

MONGOLEI UND KOREA

Die Mongolei erstreckt sich über die Grasebenen zwischen den Gebirgen im Norden und der Wüste Gobi im Süden. Hier gibt es heute noch viele Nomadenvölker. Das Land verfügt über große Kohle- und Erdöllager.

Nord- und Südkorea sind gebirgig und dicht bewaldet. Während in Nordkorea Industrie und Landwirtschaft zu staatlich gelenkten Kollektiven zusammengefasst sind, hat Südkorea eine blühende moderne Industrie und betreibt Handel mit dem Ausland.

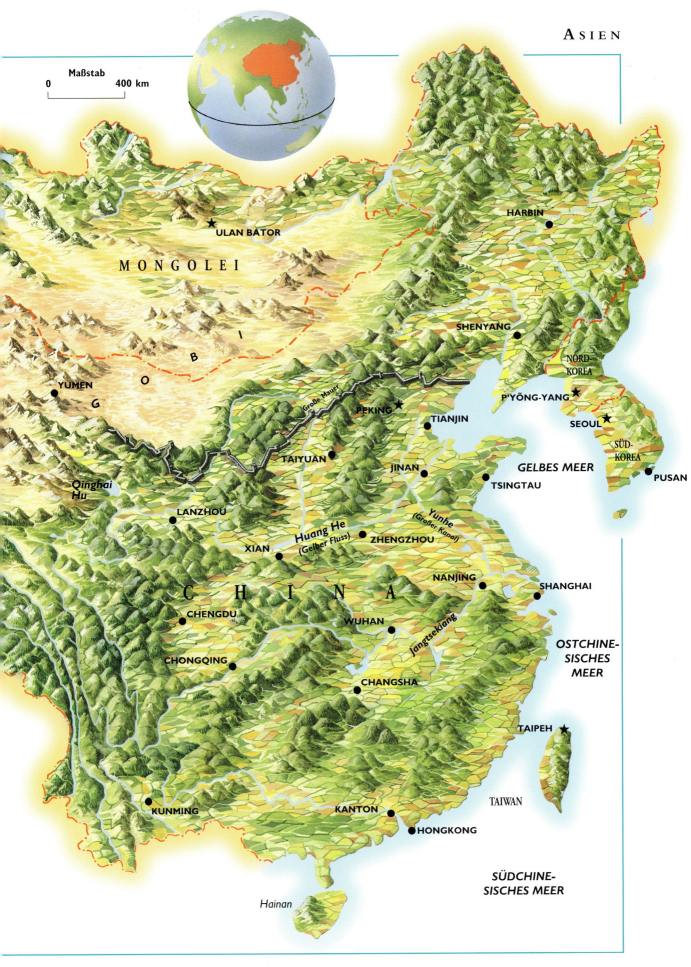

ASIEN

SÜDOSTASIEN

SÜDOSTASIEN umfasst die Halbinsel Hinterindien sowie den indonesischen Archipel weiter im Süden, der aus Tausenden von Inseln besteht. Auf dem Festland befinden sich die bergigen, dicht bewaldeten Länder Thailand, Laos, Vietnam und Kambodscha. In den Flusstälern gedeihen Reis und Tropenfrüchte. Thailands Wirtschaft setzt außerdem auf den Tourismus und eine gut entwickelte Fertigungsindustrie. Vietnam, das ebenso wie Laos durch lange Kriege verwüstet wurde, erlebt gegenwärtig einen wirtschaftlichen Aufschwung.

Malaysia besteht aus zwei Teilen. Westmalaysia befindet sich auf der Malacca-Halbinsel, während Ostmalaysia den Norden der Insel Borneo einnimmt. Der Süden Borneos gehört zusammen mit anderen Inseln – darunter Sumatra und Java – zu Indonesien. In dem feuchtheißen Klima gibt es Regenwälder, in denen eine Fülle von Pflanzen- und Tierarten leben. Malaysia und Indonesien sind reich an Rohstoffen wie Erdöl, Erdgas und Gummi und besitzen moderne Fertigungsindustrien.

Nördlich von Borneo erstrecken sich die Philippinen – zahllose kleine Inseln, die zum Teil unbewohnt sind. Obwohl das Land reiche Mineralvorkommen hat, sind viele Bewohner gezwungen, im Ausland zu arbeiten. Die Philippinen und Indonesien sind häufig von Naturkatastrophen wie Wirbelstürmen, Erdbeben und Vulkanausbrüchen bedroht.

Die Zwergstaaten Singapur und Brunei gehören zu den reichsten Ländern der Erde. Während Brunei Erdöllager besitzt, hat sich Singapur zu einem Weltzentrum des Handels und der Fertigungsindustrie entwickelt.

Solche Ochsenkarren werden in der aufstrebenden malaysischen Hauptstadt Kuala Lumpur immer seltener.

ASIEN

JAPAN

VOR DER OSTKÜSTE des asiatischen Festlandes liegt Japan, das aus vier großen und zahllosen kleinen Inseln besteht. Die vier Hauptinseln Honshu, Hokkaido, Kyushu und Shikoku nehmen fast die gesamte Bevölkerung Japans auf. Japan ist gebirgig und dicht bewaldet. Im Norden sind die Winter kalt und die Sommer mild, während im Süden milde Winter und heiße Sommer vorherrschen.

Da Japan nur wenig Ackerland und kaum Bodenschätze besitzt, basiert seine Wirtschaft in erster Linie auf der Verarbeitung importierter Rohstoffe. Heute gehört das Land zu den führenden Herstellern von Fahrzeugen, Schiffen, Unterhaltungselektronik und Computern. Die meisten Menschen wohnen in den Millionenstädten der Ballungszentren. Japan besitzt viele aktive Vulkane und ist eine der erdbebenreichsten Regionen der Welt. Deshalb sind die Häuser so gebaut, dass sie Naturkatastrophen gut standhalten.

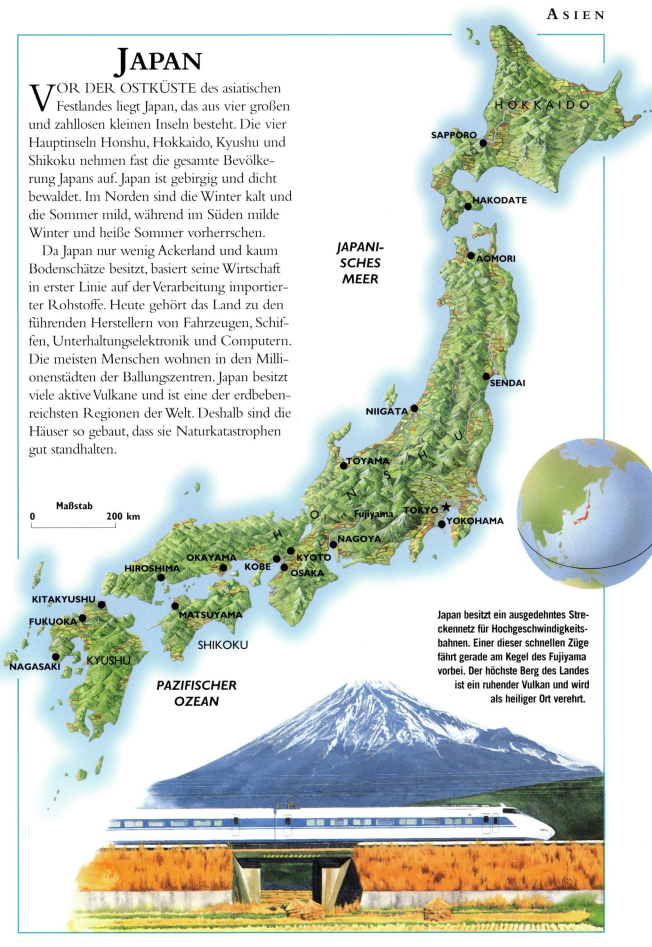

Japan besitzt ein ausgedehntes Streckennetz für Hochgeschwindigkeitsbahnen. Einer dieser schnellen Züge fährt gerade am Kegel des Fujiyama vorbei. Der höchste Berg des Landes ist ein ruhender Vulkan und wird als heiliger Ort verehrt.

OZEANIEN

OZEANIEN und Australien bedecken eine riesige Fläche vom Indischen Ozean bis ins Zentrum des Pazifiks. Australien besitzt eine so große Landmasse, dass die Insel als eigener Kontinent gilt. Zu Ozeanien gehören Neuseeland, Papua-Neuguinea sowie Tausende kleinerer Pazifikinseln.

Das trockene, als „Outback" bekannte Landesinnere Australiens besteht aus heißen Wüstenzonen sowie kargem Busch- oder Grasland. Die dichteste Besiedlung findet sich entlang der Küsten, insbesondere im fruchtbaren Süden. Im Gegensatz dazu ist Papua-Neuguinea ein Land der hohen Berge und dichten Regenwälder. In abgeschiedenen Bergtälern leben noch Eingeborenenstämme.

Neuseeland gliedert sich in zwei große und eine Reihe kleinerer Inseln. Auf der warmen Nordinsel gibt es aktive Vulkane, während die gebirgige, dicht bewaldete Südinsel ein gemäßigtes Klima besitzt. Die Tiefebenen im Osten sind fruchtbar und ideal für Ackerbau und Viehzucht. Die isolierte Lage von Neuseeland, Australien und Papua-Neuguinea hat die Entwicklung und Erhaltung einer Reihe von

Das längste Korallenriff der Welt ist das Große Barrierriff, das sich 2000 km entlang der Nordostküste Australiens erstreckt.

Tierarten gefördert, die es nirgendwo sonst auf der Erde gibt.

Die meisten Inselgruppen im Pazifik entstanden durch Vulkanausbrüche unter dem Meer – wie z.B. die Hawaii-Inseln. Während einige dieser Gruppen unabhängige Staaten bilden, sind andere (z.B. Neukaledonien) Kolonien europäischer Länder oder der USA. Viele der Inseln mit ihrer üppigen Vegetation und dem warmen Klima haben sich zu Touristenzielen entwickelt oder nutzen den ertragreichen Boden zum Ackerbau.

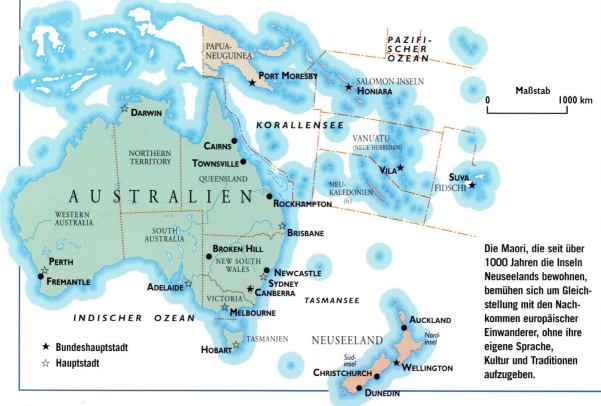

Die Maori, die seit über 1000 Jahren die Inseln Neuseelands bewohnen, bemühen sich um Gleichstellung mit den Nachkommen europäischer Einwanderer, ohne ihre eigene Sprache, Kultur und Traditionen aufzugeben.

OZEANIEN

FAKTEN UND ZAHLEN

Stelzenhaus auf den Salomonen.

PAZIFIKINSELN

 Papua-Neuguinea
 Nauru
 Kiribati
 Salomonen
 Tuvalu
 Fidschi
 Vanuatu
 Samoa
 Tonga

AUSTRALIEN

Fläche 7 682 300 km² **Einwohner** 18 967 000 **Hauptstadt** Canberra **Sprache** Englisch **Religionen** Anglikaner 26% Katholiken 26%, sonstige Christen 24%, sonstige 24% **Währung** Australischer Dollar **Höchster Punkt** Mount Kosciusko 2228 m

NEUSEELAND

Fläche 270 534 km² **Einwohner** 3 811 000 **Hauptstadt** Wellington **Sprachen** Englisch, Maori **Religionen** Protestanten 47%, Katholiken 15%, sonstige 22%, ohne Religion 16% **Währung** Neuseeländischer Dollar

Maori-Mädchen.

FIDSCHI
Fläche 18 376 km² **Einwohner** 801 000 **Hauptstadt** Suva **Sprachen** Fidschianisch, Englisch

KIRIBATI
Fläche 811 km² **Einwohner** 88 000 **Hauptstadt** Bairiki **Sprachen** I-Kiribati, Englisch

NAURU
Fläche 21 km² **Einwohner** 11 000 **Hauptstadt** Yaren **Sprachen** Nauruisch, Englisch

PAPUA-NEUGUINEA
Fläche 462 840 km² **Einwohner** 4 705 000 **Hauptstadt** Port Moresby **Sprache** Englisch

Schnabeltier.

SALOMONEN
Fläche 27 556 km² **Einwohner** 429 000 **Hauptstadt** Honiara **Sprache** Englisch

SAMOA
Fläche 2831 km² **Einwohner** 169 000 **Hauptstadt** Apia **Sprachen** Samoa-Polynesisch, Englisch

TONGA
Fläche 748 km² **Einwohner** 100 000 **Hauptstadt** Nukualofa **Sprachen** Tonga, Englisch

TUVALU
Fläche 26 km² **Einwohner** 11 000 **Hauptstadt** Funafuti **Sprachen** Tuvalu, Englisch

VANUATU
Fläche 12 190 km² **Einwohner** 193 000 **Hauptstadt** Vila **Sprachen** Bislama, Englisch

OZEANIEN

AUSTRALIEN

ABGESEHEN VON einer langen Gebirgskette, die entlang der Ostküste verläuft, ist Australien überwiegend flach, heiß und trocken. Es besitzt eine Fülle an Bodenschätzen, darunter Kohle und Mineralvorkommen wie Gold, Kupfer und Eisen. Das als Outback bezeichnete Landesinnere, das

Ein australischer Junge. Auf abgelegenen Rinder- und Schafzuchtbetrieben erhalten die Kinder oft Fernunterricht.
In Notfällen versorgen Ärzte ihre Patienten im Outback per Flugzeug.

größtenteils aus Wüste oder ausgedörrtem Buschland besteht, geht nach Osten hin in weite Grasebenen über. Hier befinden sich die riesigen Schaf- und Rinderzuchtbetriebe, die „stations" genannt werden. Australien ist mit seinen Millionen Schafen der weltweit größte Produzent von Wolle.

Die meisten Australier leben in Küstennähe, wo das Klima kühler und das Land fruchtbar ist. Hier gedeihen Weizen, tropische Früchte und Trauben. Großstädte wie Sydney, Brisbane und Melbourne besitzen moderne Fertigungsindustrien und ziehen immer mehr Menschen in ihren Bann.

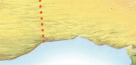

Die Hafenbrücke und das berühmte Opernhaus von Sydney.

OZEANIEN

Auf Neuseeland gibt es mehrere Vogelarten, die ihre Flugfähigkeit verloren haben, weil sie keine natürlichen Feinde besitzen. Dazu gehört der Kiwi, das Nationaltier von Neuseeland. Eine andere Art ist der seltene Takahe *(links)*, der in den Bergen der Südinsel lebt.

NEUSEELAND

Wie sein Nachbar Australien ist Neuseeland ein wohlhabender Staat. Die Neuseeländer betreiben Rinder- und Schafzucht in großem Umfang und exportieren beträchtliche Mengen an Wolle, Fleisch und Molkereiprodukten. Der fruchtbare Boden und das warme Klima eignen sich zudem hervorragend für den Anbau von Wein, Obst und Gemüse. Die Flüsse sowie die Erdwärme in den Vulkangebieten der Nordinsel bilden die Grundlage zu einer umweltfreundlichen Energiegewinnung.

Das Volk der Maori in Neuseeland stammt ursprünglich aus Polynesien. Die Maori machen etwa neun Prozent der Gesamtbevölkerung aus. Sie haben sich in ihrer Lebensweise viel von ihrer alten Kultur und Tradition bewahrt.

Vor etwa 200 Jahren begannen die Briten und andere Europäer Australien zu besiedeln und sich das Land der Ureinwohner anzueignen. Heute setzt sich die Bevölkerung Australiens hauptsächlich aus den Nachfahren der Europäer und Einwanderern aus Asien zusammen. Aber es gibt auch noch Ureinwohner, die Aborigines, die sich gegenwärtig bemühen, einen Teil ihrer Stammesgebiete und heiligen Stätten zurückzuerhalten.

Neuseeland besteht aus zwei großen und mehreren kleinen Inseln. Am dichtesten besiedelt ist die Nordinsel.

AFRIKA

DER ZWEITGRÖSSTE Kontinent der Erde ist, von seiner schmalen Nahtstelle zu Asien abgesehen, überall von Wasser umgeben. Der Norden besteht fast nur aus heißen, trockenen Wüstengebieten, gesäumt von Küstenstreifen, die wenigstens im Winter etwas kühler und feuchter sind.

Weiter südlich weicht die Wüste weiten Grasebenen. Nahe dem Äquator, der mitten durch Afrika verläuft, herrscht ein feuchtheißes Klima. Hier befindet sich ein breiter Gürtel tropischer Regenwälder – das größte zusammenhängende Urwaldgebiet nach dem Amazonasbecken.

Mit Federhut und Elefantenmaske hat sich dieser Bamileke-Angehörige im zentralafrikanischen Kamerun für eine Stammeszeremonie geschmückt.

AFRIKA

Wodaabe-Mädchen vom Niger.

Der Regenwald beherbergt eine Fülle von Pflanzen- und Tierarten, darunter Gorillas und Schimpansen. Viele große Flüsse durchziehen Zentralafrika. Im Osten und Süden gehen die Wälder in offenes Grasland, die so genannten Savannen, über. Sie sind der Lebensraum von Pflanzenfressern wie Elefanten, Zebras und Gnus, aber auch von Raubtieren wie Löwen, Wildhunden und Hyänen.

DIE VÖLKER AFRIKAS

Die Bewohner nördlich der Sahara sind überwiegend Araber und Berber, die sich dem Islam verschrieben haben. Südlich der Sahara beginnt das eigentliche Schwarzafrika. Die hier lebenden Völker gehören den verschiedensten Religionen an. Ein Großteil Afrikas wurde früher von Europa beherrscht und vor allem im Süden trifft man auf viele Menschen mit europäischer Abstammung.

Afrika exportiert seine Mineral- und Erdölvorkommen, aber auch Kaffee und Kakao. Verglichen mit der übrigen Welt sind viele afrikanische Länder jedoch sehr arm; nur wenige besitzen moderne Fertigungsindustrien. Die meisten Menschen leben auf dem Land mit Tierhaltung und Anbau für den Eigenbedarf. Sie leiden unter häufigen Dürren, Überschwemmungen und Hungersnöten. Dazu kommen Kriege und Stammeskonflikte, die zahllose Menschenleben kosten.

DIE SAHARA

DIE SAHARA in Nordafrika ist die größte Wüste der Erde. Sie bedeckt ein Gebiet, das fast so groß wie die Fläche der USA ist. Und sie wächst unaufhaltsam weiter, da sich auch das dürre Grasland an ihren Rändern allmählich in Wüste verwandelt. Manchmal fällt in der Sahara jahrelang kein Regen. Tagsüber können die Temperaturen auf über 50 °C im Schatten klettern, aber die Nächte sind oft bitterkalt. Es gibt Gegenden mit Wüstensand, der sich zu großen Dünen auftürmt, aber ein Großteil der Sahara besteht aus Bergen und felsigem Untergrund.

Trotz dieser harten Bedingungen gibt es in der Sahara Leben. Viele der Tiere, die sich an den Wassermangel und die Hitze angepasst haben, verkriechen sich tagsüber in Höhlen und gehen nachts auf Futtersuche.

Auch Menschen leben in der Sahara, entweder in kleinen Siedlungen am Rande von Oasen oder als Nomaden, die von Markt zu Markt ziehen und Handel treiben. Viele von ihnen benutzten dazu jahrtausendelang Kamele, die hervorragend für das Leben in der Wüste geeignet sind und ihre Besitzer obendrein mit Milch und Fleisch versorgten. In jüngster Zeit benutzt man meist Geländefahrzeuge, um die Wüste zu durchqueren.

In der Nähe von Grundwasser, Quellen oder Flüssen entstehen mitten in der Wüste Oasen – kleinere Inseln mit fruchtbarem Boden, auf dem Dattelpalmen und Olivenbäume gedeihen. Die dicht besiedelten Orte am Rand der Oasen dienen als Stützpunkte der Karawanenstraßen.

AFRIKA

FAKTEN U. ZAHLEN I

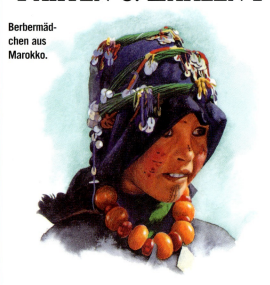

Berbermädchen aus Marokko.

NORDOSTAFRIKA

NORDWESTAFRIKA

ALGERIEN
Fläche 2 381 741 km² **Einwohner** 29 950 000 **Hauptstadt** Algier **Sprachen** Arabisch, Französisch
MALI
Fläche 1 240 192 km² **Einwohner** 10 584 000 **Hauptstadt** Bamako **Sprache** Französisch
MAROKKO
Fläche 446 550 km² **Einwohner** 28 238 000 **Hauptstadt** Rabat **Sprachen** Arabisch, Berber-Dialekte, Spanisch, Französisch
MAURETANIEN
Fläche 1 030 700 km² **Einwohner** 2 598 000 **Hauptstadt** Nouakchott **Sprachen** Arabisch
NIGER
Fläche 1 267 000 km² **Einwohner** 10 496 000 **Hauptstadt** Niamey **Sprachen** Französisch,
TUNESIEN
Fläche 164 150 km² **Einwohner** 9 457 000 **Hauptstadt** Tunis **Sprachen** Arabisch, Berber-Dialekte, Französisch

ÄGYPTEN
Fläche 997 739 km² **Einwohner** 62 655 000 **Hauptstadt** Kairo **Sprache** Arabisch
ÄTHIOPIEN
Fläche 1 128 221 km² **Einwohner** 62 782 000 **Hauptstadt** Addis Abeba **Sprache** Amharisch
DJIBOUTI
Fläche 23 200 km² **Einwohner** 648 000 **Hauptstadt** Dschibuti **Sprachen** Arabisch, Französisch
ERITREA
Fläche 121 144 km² **Einwohner** 3 991 000 **Hauptstadt** Asmara **Sprache** Tigrinya
LIBYEN
Fläche 1 775 500 km² **Einwohner** 5 419 000 **Hauptstadt** Tripolis **Sprache** Arabisch
SOMALIA
Fläche 637 657 km² **Einwohner** 9 388 000 **Hauptstadt** Mogadishu **Sprachen** Somali, Arabisch, Englisch, Italienisch
SUDAN
Fläche 2 505 813 km² **Einwohner** 28 993 000 **Hauptstadt** Khartum **Sprache** Arabisch
TSCHAD
Fläche 1 284 000 km² **Einwohner** 7 486 000 **Hauptstadt** Ndjamena **Sprachen** Französisch, Arabisch

NIGERIA

Fläche 923 768 km² **Einwohner** 123 897 000 **Hauptstadt** Abuja **Sprachen** Englisch, Hausa, Yoruba, Ibo **Religionen** Muslime 50%, Christen 40%, Naturreligionen 10% **Währung** Naira

AFRIKA

WESTAFRIKA

BENIN
Fläche 112 622 km² **Einwohner** 6 114 000
Hauptstadt Porto Novo **Sprache** Französisch
BURKINA FASO
Fläche 274 200 km² **Einwohner** 10 996 000
Hauptstadt Ouagadougou **Sprachen** Französisch, Mossi-Dialekte
ELFENBEINKÜSTE
Fläche 322 462 km² **Einwohner** 15 545 000
Hauptstädte Yamoussoukro **Sprachen** Französisch, Malinke
GAMBIA
Fläche 11 295 km² **Einwohner** 1 251 000
Hauptstadt Banjul **Sprache** Englisch
GHANA
Fläche 238 537 km² **Einwohner** 18 785 000
Hauptstadt Accra **Sprachen** Englisch, Kwa-Dialekte
GUINEA
Fläche 245 857 km² **Einwohner** 7 251 000
Hauptstadt Conakry **Sprachen** Französisch, Susu, Malinke
GUINEA-BISSAU
Fläche 36 125 km² **Einwohner** 1 185 000
Hauptstadt Bissau **Sprache** Portugiesisch
KAMERUN
Fläche 475 442 km² **Einwohner** 14 691 000
Hauptstadt Jaunde **Sprachen** Französisch, Englisch
KAP VERDE
Fläche 4033 km² **Einwohner** 428 000
Hauptstadt Praia **Sprachen** Portugiesisch, Kapverdisch-Kreolisch
LIBERIA
Fläche 97 754 km² **Einwohner** 3 044 000
Hauptstadt Monrovia **Sprache** Englisch
SAO TOMÉ UND PRINCIPE
Fläche 964 km² **Einwohner** 145 000
Hauptstadt São Tomé **Sprache** Portugiesisch
SENEGAL
Fläche 196 192 km² **Einwohner** 9 285 000
Hauptstadt Dakar **Sprache** Französisch
SIERRA LEONE
Fläche 71 740 km² **Einwohner** 4 949 000
Hauptstadt Freetown **Sprachen** Englisch, Krio, Mende, Limba, Temne
TOGO
Fläche 56 785 km² **Einwohner** 4 567 000
Hauptstadt Lomé **Sprachen** Französisch, Kabiye
ZENTRALAFRIKA
Fläche 622 984 km² **Einwohner** 3 540 000
Hauptstadt Bangui **Sprachen** Französisch, Sango

Afrikanischer Markt.

AFRIKA

FAKTEN U. ZAHLEN II

Massai-Mädchen, Kenia. Die Massai sind nomadische Hirten.

OSTAFRIKA

 Kenia
 Uganda
 Tansania
 Ruanda
 Burundi
 Malawi
 Mosambik
 Seychellen
 Komoren

ZENTRALAFRIKA

 Dem. Republik Kongo
 Angola
 Sambia
 Äquatorial-Guinea
 Gabun
 Kongo

ÄQUATORIAL-GUINEA
Fläche 28 051 km² **Einwohner** 443 000
Hauptstadt Malabo **Sprache** Spanisch
ANGOLA
Fläche 1 246 700 km² **Einwohner** 12 357 000
Hauptstadt Luanda **Sprachen** Portugiesisch, Bantu-Dialekte
DEMOKRATISCHE REPUBLIK KONGO
Fläche 2 344 885 km² **Einwohner** 49 776 000
Hauptstadt Kinshasa **Sprachen** Suaheli, Lingala, Französisch
GABUN
Fläche 267 667 km² **Einwohner** 1 208 000
Hauptstadt Libreville **Sprachen** Französisch, Fang-, Bantu-Dialekte
KONGO
Fläche 342 000 km² **Einwohner** 2 859 000
Hauptstadt Brazzaville **Sprache** Französisch
SAMBIA
Fläche 752 614 km² **Einwohner** 9 881 000
Hauptstadt Lusaka **Sprachen** Englisch, Lozi

BURUNDI
Fläche 27 834 km² **Einwohner** 6 678 000
Hauptstadt Bujumbura **Sprachen** Französisch, Kirundi, Suaheli
KENIA
Fläche 580 367 km² **Einwohner** 29 410 000
Hauptstadt Nairobi **Sprachen** Suaheli, Englisch, Kikuyu-, Luo-Dialekte
KOMOREN
Fläche 1 862 km² **Einwohner** 544 000
Hauptstadt Moroni **Sprachen** Arabisch, Französisch
MALAWI
Fläche 118 484 km² **Einwohner** 10 788 000
Hauptstadt Lilongwe **Sprachen** Englisch, Chichewa
MOSAMBIK
Fläche 799 380 km² **Einwohner** 17 299 000
Hauptstadt Maputo **Sprachen** Portugiesisch, verschiedene Dialekte (Ronga, Shangaan, Muchope)
RUANDA
Fläche 26 338 km² **Einwohner** 8 310 000
Hauptstadt Kigali **Sprachen** Französisch, Kinyaruanda, Suaheli
SEYCHELLEN
Fläche 454 km² **Einwohner** 80 000 **Hauptstadt** Victoria **Sprachen** Englisch, Kreolisch
TANSANIA
Fläche 945 087 km² **Einwohner** 32 923 000
Hauptstadt Dodoma **Sprachen** Suaheli, Englisch
UGANDA
Fläche 241 139 km² **Einwohner** 21 479 000
Hauptstadt Kampala **Sprachen** Englisch, Luganda

AFRIKA

SÜDAFRIKA

Namibia

Botswana

Südafrika

Lesotho

Swasiland

Madagaskar

Mauritius

Simbabwe

Die Ringmauern von Groß-Zimbabwe, Reste eines Palastes.

BOTSWANA
Fläche 582 000 km² **Einwohner** 1 588 000
Hauptstadt Gaborone **Sprachen** Englisch, Setsuana
LESOTHO
Fläche 30 355 km² **Einwohner** 2 105 000
Hauptstadt Maseru **Sprachen** Englisch, Sesotho
MADAGASKAR
Fläche 587 041 km² **Einwohner** 15 051 000
Hauptstadt Antananarivo **Sprachen** Malagasy, Französisch
MAURITIUS
Fläche 2040 km² **Einwohner** 1 174 000
Hauptstadt Port Louis **Sprachen** Englisch

NAMIBIA
Fläche 824 292 km² **Einwohner** 1 701 000
Hauptstadt Windhuk **Sprache** Englisch, Afrikaans, Deutsch
SIMBABWE
Fläche 390 759 km² **Einwohner** 11 163 160
Hauptstadt Harare **Sprachen** Englisch, Shona-, Ndebele-Dialekte
SÜDAFRIKA
Fläche 1 221 037 km² **Einwohner** 42 106 000 **Hauptstädte** Pretoria, **Sprachen** Afrikaans, Englisch, Xhosa, Zulu, Sesotho
SWASILAND
Fläche 17 363 km² **Einwohner** 1 019 000
Hauptstadt Mbabane **Sprache** Swasi

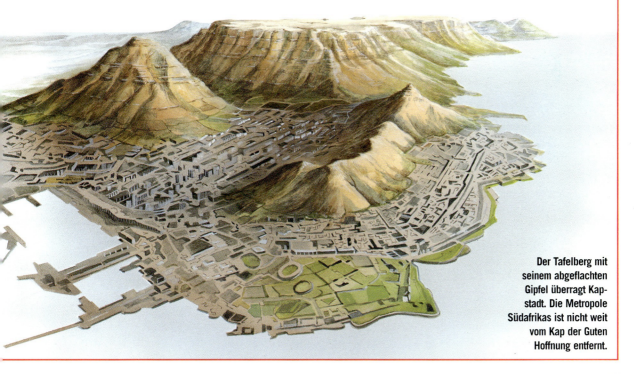

Der Tafelberg mit seinem abgeflachten Gipfel überragt Kapstadt. Die Metropole Südafrikas ist nicht weit vom Kap der Guten Hoffnung entfernt.

AFRIKA

NORDAFRIKA

DIE NÖRDLICHE HÄLFTE Afrikas reicht von der Küstenzone entlang des Mittelmeers über Wüsten und Savannen bis zu den Wäldern West- und Zentralafrikas. Mit Ausnahme des Atlasgebirges, des Äthiopischen Hochlandes und den Sahara-Massiven (Ahaggar und Tibesti) besteht die Region überwiegend aus ebenem Tafelland.

Die Küstenstaaten im Norden profitieren von Erdöl- und Erdgasvorkommen. Zusätzliche Erwerbszweige sind der Fremdenverkehr sowie die Herstellung von Textilien und Teppichen. Ein Großteil der Bevölkerung ist arabischer Herkunft. Im Hochland von Marokko leben noch Angehörige der alten Berberstämme.

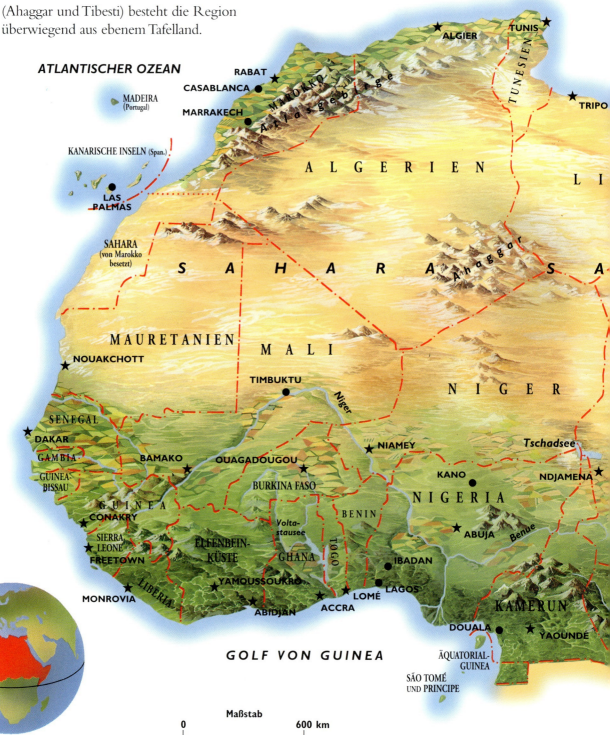

AFRIKA

Südlich der Sahara bildet die Landwirtschaft das Haupteinkommen, vor allem dort, wo die großen Flüsse Nil, Niger und Senegal das zum Bewässern der Felder nötige Nass liefern. Staaten wie Mauretanien und Mali werden jedoch immer wieder von Dürren heimgesucht. In den besonders trockenen Gebieten legen Nomadenhirten oft weite Strecken zurück, um Weideland für ihr Vieh zu finden.

Im nördlichen Afrika leben viele unterschiedliche Volksgruppen, zwischen denen es häufig zu Konflikten kommt. So hat das Zusammenwirken von Krieg, Dürre und weit verbreiteter Armut in Äthiopien und im Sudan zu furchtbaren Hungersnöten geführt.

Etwas mehr Niederschläge erhalten die Gebiete im Westen (nahe dem Golf von Guinea). Hier gedeihen Kaffee, Bananen, Kakao, Erdnüsse und Zitrusfrüchte. Der früher stark betriebene Export von Tropenhölzern bewirkte allerdings, dass inzwischen ein Großteil der Wälder verschwunden ist. Zwar ließ die Gewinnung von Erdöl und anderen Bodenschätzen neue Industrien entstehen, aber schwache Regierungen und ständige Kriege haben zur Folge, dass die meisten Länder weiterhin sehr arm sind.

Viele Menschen in Nordafrika leben in kleinen Dorfgemeinschaften mit Viehhaltung und Anbau für den Eigenbedarf. Andere Arbeitssuchende ziehen in die Ballungsgebiete, wo sie häufig in Elendsvierteln leben.

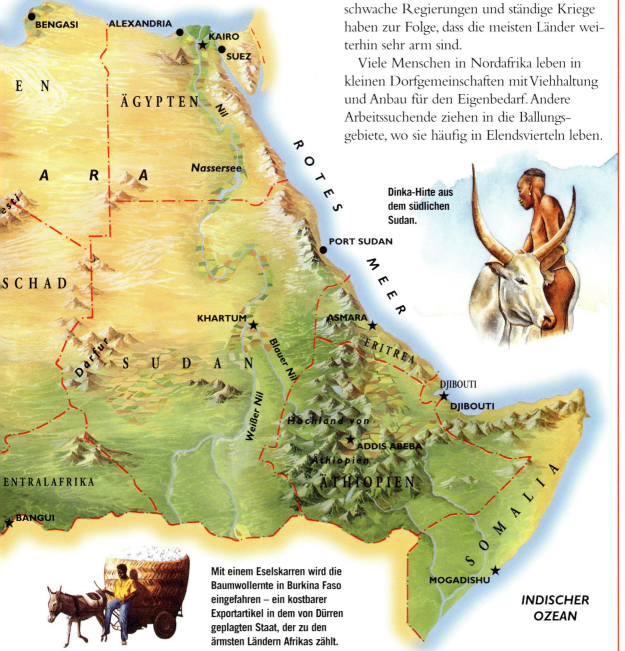

Dinka-Hirte aus dem südlichen Sudan.

Mit einem Eselskarren wird die Baumwollernte in Burkina Faso eingefahren – ein kostbarer Exportartikel in dem von Dürren geplagten Staat, der zu den ärmsten Ländern Afrikas zählt.

AFRIKA

SÜDLICHES AFRIKA

IM HERZEN Afrikas windet sich der mächtige Kongo durch Regenwälder, die Tieren wie dem seltenen Berggorilla und einer Vielzahl von Tropenvögeln Schutz bieten. Die Hochplateaus im Süden und Osten besitzen ein kühleres, trockeneres Klima. Ein Großteil dieser Region besteht aus Savanne, weiten Grasebenen, die der Lebensraum von Giraffen, Elefanten, Löwen und vielen anderen Tieren sind. Im Südwesten geht die Savanne in heiße, trockene Wüstengebiete über, während sie im Osten durch das Great Rift Valley begrenzt wird. In den Tälern dieses Grabenbruchs befinden sich Seen und Vulkane. Südafrika besitzt ergiebige Erdölvorkommen und Mineralien wie Kupfer, Gold und Diamanten. Deshalb stützt sich die Industrie auf den Bergbau. In den Savannengebieten mit ihren zahlreichen Wildparks ist außerdem der Fremdenverkehr ein wichtiger Wirtschaftsfaktor. Auf den östlichen Hochländern wird Tee und Kaffee angebaut. Wegen der schlechten Böden hat die Viehwirtschaft den Vorrang gegenüber dem Ackerbau.

Mit einer Paste aus gemahlener Rinde schützt diese Frau aus Mosambik ihre Haut vor der Sonne. Mosambik stand bis zu seiner Unabhängigkeit im Jahr 1975 unter der Herrschaft von Portugal.

AFRIKA

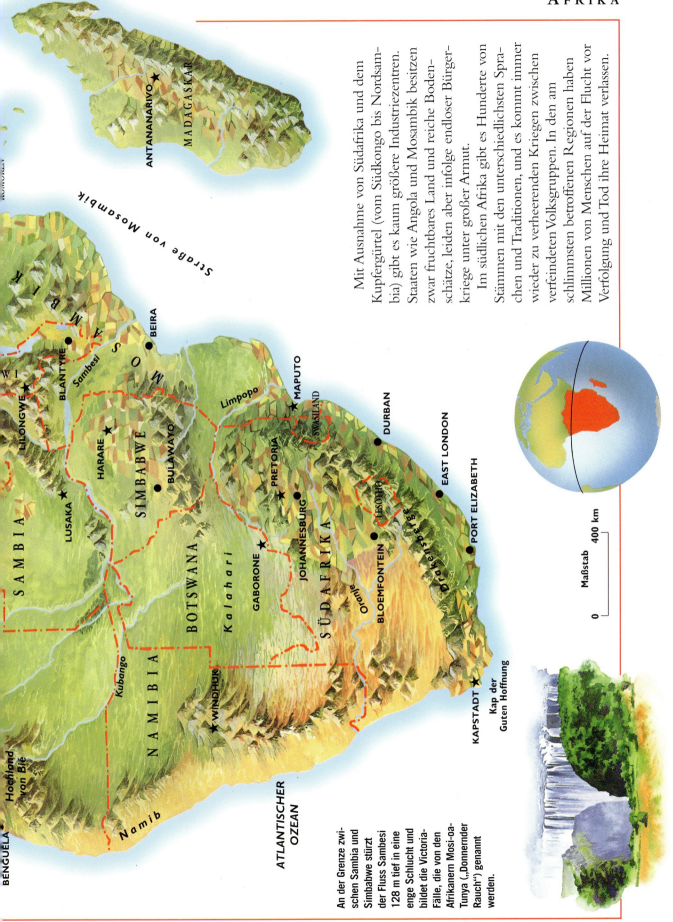

Mit Ausnahme von Südafrika und dem Kupfergürtel (vom Südkongo bis Nordsambia) gibt es kaum größere Industriezentren. Staaten wie Angola und Mosambik besitzen zwar fruchtbares Land und reiche Bodenschätze, leiden aber infolge endloser Bürgerkriege unter großer Armut.

Im südlichen Afrika gibt es Hunderte von Stämmen mit den unterschiedlichsten Sprachen und Traditionen, und es kommt immer wieder zu verheerenden Kriegen zwischen verfeindeten Volksgruppen. In den am schlimmsten betroffenen Regionen haben Millionen von Menschen auf der Flucht vor Verfolgung und Tod ihre Heimat verlassen.

An der Grenze zwischen Sambia und Simbabwe stürzt der Fluss Sambesi 128 m tief in eine enge Schlucht und bildet die Victoria-Fälle, die von den Afrikanern Mosi-oa-Tunya („Donnernder Rauch") genannt werden.

Maßstab 0 400 km

Index

A
Abadan 42
Aberdeen 26
Abidjan 58
Abu Dhabi 42
Abuja 58
Accra 58
Aconcagua 19
Adana 33
Addis Abeba 59
Adelaide 51
Aden 42
Adige 31
Adriatisches Meer 21
Afghanistan 37, 38, 43
Afrika 52-61
Ägäisches Meer 21
Ägypten 52, 54, 59
Ahaggar 58
Ahmedabad 43
Ajaccio 27
Akureyri 28
Alabama 11
Åland-Inseln 28
Alaska 10
Albacete 30
Albanien 21, 25, 33
Alberta 12
Albuquerque 10
Aleppo 42
Aleuten 10
Alexandria 59
Algarve 30
Algerien 52, 54, 58
Algier 58
Alicante 30
Alma-Ata 34
Alpen 27
Amazonas 18
Amazonas - Regenwald 15
Amerikanisch-Samoa 4
Amman 42
Amsterdam 29
Amur 35
Anchorage 10
Ancona 31
Andalusien 30
Andamanen 43
Anden 18-19
Andorra 20, 23, 30
Angara 35
Angola 52, 56, 60
Anguilla 7, 9, 13
Ankara 33
Antalya 33
Antananarivo 61
Antarktis 5
Antigua u. Barbuda 7, 9, 13
Antofagasta 19
Antwerpen 29
Aomori 47
Apenninen 31
Appalachen 11
Äquatorial-Guinea 52, 56, 58
Arabisches Meer 36
Arabisch-Persischer Golf 42
Aragonien 30
Aralsee 34
Archangelsk 21
Arequipa 18
Argentinien 14, 17, 19
Århus 28
Arizona 10
Arkansas 11
Arkansas 11
Armenien 34, 36, 38
Arno 31
Aschchabad 34
Aserbaidschan 34, 36, 38
Asien 36-47
Asmara 59
Asowsches Meer 32
Assam 43
Astana 34
Astrachan 34
Asunción 19
Atacama 19
Athen 33
Äthiopien 52, 54, 59
Atlanta 11
Atlantischer Ozean 4
Atlasgebirge 58
Ätna 31
Auckland 51
Äußere Hebriden 26
Australien 48-49, 50-51
Avignon 27

B
Baffinbai 12
Baffin-Insel 12
Bagdad 42
Bahamas 7, 9, 13
Bahía Blanca 19
Bahrain 36, 39, 42
Baikalsee 35
Baku 34
Balchaschsee 34
Bali 46
Baltimore 11
Bamako 58
Bandar Abbas 42
Bandar Seri Begawan 46
Bandasee 46
Bangalore 43
Bangkok 46
Bangladesch 37, 38, 43
Bangui 59
Banjarmasin 46
Banks-Insel 12
Barbados 7, 9, 13
Barcelona 30
Barentssee 34
Bari 31
Basel 29
Baskische Provinzen 30
Basra 42
Beira 61
Beirut 42
Belém 18
Belfast 26
Belgien 20, 22, 29
Belgrad 33
Belize 7, 8, 13
Belmopan 13
Belo Horizonte 19
Bengasi 59
Benguela 61
Benin 52, 55, 58
Benue 58
Bergen 28
Bergland von Guayana 18
Berlin 29
Bermuda-Inseln 9
Bern 29
Bhutan 37, 38, 43
Biarritz 27
Bielefeld 29
Bilbao 30
Birma, s. Myanmar
Birmingham, Alabama 11
Birmingham, England 26
Bischkek 34
Blantyre 61
Blauer Nil 59
Bloemfontein 61
Bogotá 18
Bolivien 14, 16, 18
Bologna 31
Bombay 43
Bonn 29
Bordeaux 27
Borneo 46
Bosnien und Herzegowina 21, 25, 33
Bosporus 33
Boston 11
Botswana 52, 57, 61
Bottnischer Meerbusen 28
Bozen 31
Brahmaputra 43
Brasilianisches Bergland 18
Brasilien 14, 16-18
Brazzaville 60
Bremen 29
Breslau 32
Brest 27
Bretagne 27
Brighton 26
Brisbane 51
Bristol 26
Bristolkanal 26
British Colombia 12
Britische Inseln 26
Broken Hill 51
Brunei 37, 41, 46
Brünn 32
Brüssel 29
Budapest 32
Buenos Aires 19
Buffalo 11
Bug 32
Bujumbura 60
Bukarest 33
Bukavu 60
Bulawayo 61
Bulgarien 21, 25, 33
Burgos 30
Burgund 27
Burkina Faso 52, 55, 58
Burundi 52, 56, 60

C
Cabinda 52, 60
Cádiz 30
Cagliari 31
Cairns 51
Calais 27
Calgary 12
Cali 18
California 10
Cambridge 26
Campinas 19
Canberra 51
Caracas 18
Cardiff 26
Casablanca 58
Catania 31
Cayenne 18
Celébes 46
Celébessee 46
Chabarowsk 35
Changsha 45
Charkow 32
Chengdu 45
Cher 27
Cherson 32
Chicago 11
Chile 14, 17, 19
China 37, 40, 44-45
Chios 33
Chittagong 43
Chongqing 45
Christchurch 51
Cincinnati 11
Ciudad Juárez 13
Ciudad Real 30
Clermont-Ferrand 27
Cleveland 11
Colombo 43
Colorado 10
Comodoro Rivadavia 19
Conakry 58
Concepción 19
Connecticut 11
Cook-Inseln 4
Córdoba 19
Cork 26
Costa Rica 7, 8, 13
Culiacán Rosales 13
Curitiba 19
Cuzco 18

D
Dakar 58
Dallas 11
Damaskus 42
Dänemark 20, 22, 28
Danzig 32
Darfur 59
Daressalam 60
Darling 51
Darwin 50
Dawson 12
Dekkan 43
Delaware 11
Delhi 43
Dem. Rep. Kongo 52, 56, 60
Den Haag 29
Denver 10
Der Kanal 26
Detroit 11
Deutschland 20, 24, 29
Dhaka 43
Dijon 27
Djibouti 52, 54, 59
Djidda 42
Dnjepr 32
Dnjepropetrowsk 32
Dodoma 60
Doha 42
Dominica 7, 9, 13
Dominikanische Republik 7, 9, 13
Donau 29, 32, 33
Donezk 32
Dordogne 27
Dortmund 29
Douala 58
Douro 30
Drakensberge 61
Dresden 29
Duisburg 29
Dublin 26
Dundee 26
Dunedin 51
Durban 61
Duschanbe 34
Düsseldorf 29

E
East London 61
Ebro 30
Ecuador 14, 16, 18
Edinburgh 26
Edmonton 12
El Paso 10
El Salvador 7, 8, 13
Elba 31
Elbe 29
Elfenbeinküste 52, 55, 58
Ellesmere-Insel 12
Ems 29
England 26
Er Riad 42
Eriesee 11
Eritrea 52, 54, 59
Erzurum 33
Essen 29
Estland 21, 25, 28
Euphrat 33, 42
Europa 20-35
Europäisches Nordmeer 20
Eyresee 51

F
Falkland-Inseln 19
Färöer 20
Feuerland 19
Fidschi 48, 49
Finnischer Meerbusen 28
Finnland 21, 22, 28
Florenz 31
Flores 46
Florida 11
Fortaleza 18
Frankfurt 29
Frankreich 20, 23, 27
Franz.-Guayana 14, 16, 18
Französisch-Polynesien 4
Freetown 58
Fremantle 50
Fujiyama 47
Fukuoka 47

G
Gaborone 61
Gabun 52, 56, 60
Galápagos-Inseln 4
Galicien 30
Gambia 52, 55, 58
Ganges 43
Garonne 27
Gascogne 27
Gazastreifen 42
Gelbes Meer 45
Genf 29
Genfer See 29
Genua 31
Georgetown 18
Georgia 11
Georgien 34, 36, 38
Geraldton 50
Ghana 52, 55, 58
Gibraltar 30
Glasgow 26
Gobi 45
Golf von Bengalen 37
Golf von Biscaya 27
Golf von Mexiko 13
Gomel 32
Göteborg 28
Gotland 28
Gran Chaco 19
Granada 30
Grand Canyon 10
Great Dividing Range 51
Grenada 7, 9, 13
Grenoble 27
Griechenland 21, 23, 33
Grönland 6
Großbritannien 20, 22, 26
Große Arabische Wüste 42
Große Australische Bucht 50
Große Mauer 45
Große Salzwüste 42
Große Sandwüste 50
Große Victoriawüste 50
Großer Bärensee 12
Großer Kanal 45
Großer Salzsee 10
Großer Sklavensee 12
Großes Barrierriff 51
Großes Becken 10
Guadalajara 13
Guadalquivir 30
Guadeloupe 7, 9, 13
Guadiana 30
Guam 5
Guatemala 7, 8, 13
Guayaquil 18
Guinea 52, 55, 58
Guinea-Bissau 52, 55, 58
Guyana 14, 16, 18

H
Hainan 45
Haïti 7, 9, 13
Hakodate 47
Halbinsel Ungava 12
Halbinsel Yucatán 13
Halifax 12
Hamburg 29
Hammerfest 28
Hannover 29

Index

Hanoi 46
Harare 61
Harbin 45
Havanna 13
Hawaii 10
Helsinki 28
Himalaya 43
Hiroshima 47
Hobart 51
Hochland von
 Äthiopien 59
Hochland von Bié 61
Hokkaido 47
Honduras 7, 8, 13
Hongkong 45
Honiara 48
Honolulu 10
Honshu 47
Ho-Tschi-Minh-
 Stadt 37, 46
Houston 11
Huambo 52
Huang He
 (Gelber Fluss) 45
Hudsonbai 12
Hudsonstraße 12
Huronsee 12
Hyderabad, Indien 43
Hyderabad, Pakistan 43

I

Ibadan 58
Ibiza 30
Idaho 10
Illinois 11
Inarisee 28
Indiana 11
Indianapolis 11
Indien 37, 38, 43
Indischer Ozean 5
Indonesien 37, 41, 46
Indore 43
Indus 43
Inn 29
Innsbruck 29
Inverness 26
Iowa 11
Iquique 19
Iquitos 18
Irak 36, 39, 42
Iran 36, 39, 42
Irawadi 43
Irian Jaya 37
Irische See 26
Irkutsk 35
Irland 20, 22, 26
Irtysch 35
Isfahan 42
Islamabad 43
Island 20, 22, 28
Israel 36, 39, 42
Istanbul 33
Italien 20, 23, 31
Izmir 33

J

Jacksonville 11
Jaipur 43
Jakarta 46
Jakutsk 35
Jamaika 7, 9, 13
Jangtsekiang 37, 45
Japan 37, 40, 47
Japurá 18
Java 46
Jekaterinburg 34
Jemen 36, 39, 42
Jenissej 35
Jerewan 34
Jerusalem 42
Jinan 45
Johannesburg 61
Jordanien 36, 39, 42
Jugoslawien 21, 25, 33
Jungfern-Inseln 7, 9, 13

K

Kabul 43
Kairo 59
Kalahari 61
Kalgoorlie 50
Kalkutta 43
Kambodscha 37, 41, 46
Kamerun 52, 55, 58
Kampala 60
Kamtschatka 35
Kanada 6, 8, 12
Kananga 60
Kanarische Inseln 58
Kano 58
Kanpur 43
Kansas 11
Kansas City 11
Kanton 45
Kap der Guten
 Hoffnung 61
Kap Hoorn 19
Kap Verde 4, 55
Kapstadt 61
Kap-York-Halbinsel 51
Karachi 43
Karakorum 43
Karibisches Meer 7, 13
Karpaten 32, 33
Karpathos 33
Kasachstan 34, 37, 38
Kasan 34
Kaschmir 43
Kashi 44
Kaspisches Meer 36
Katalonien 30
Katar 36, 39, 42
Katmandu 43
Kaukasus 34
Kaunas 28
Kefallinia 33
Kenia 52, 56, 60
Kentucky 11
Kerman 42
Khartum 59
Kiel 29
Kiew 32
Kilimanjaro 60
Kingston 13
Kinshasa 60
Kirgisistan 34, 37, 38
Kiribati 4-5, 49
Kiruna 28
Kisangani 60
Kischinew 33
Kitakyushu 47
Klagenfurt 29
Kobe 47
Köln 29
Kolumbien 14, 16, 18
Komoren 52, 56, 61
Kongo 52, 56, 60
Königsberg 32
Kopenhagen 28
Korallensee 48
Korfu 33
Korsika 20, 27
Krakau 32
Krasnodar 21
Krasnojarsk 35
Kreta 33
Krim 32
Kroatien 21, 25, 33
Kuala Lumpur 46
Kuango 60
Kuba 7, 9, 13
Kubango 61
Kunming 45
Kuopio 28
Kurdistan 42
Kurilen 37
Küstenkette 10
Kuwait 36, 39, 42
Kyoto 47
Kyushu 47

L

La Coruña 30
La Mancha 30
La Paz 18
Labrador 12
Ladogasee 34
Lagos 58
Lahore 43
Laibach 33
Lanzhou 45
Laos 37, 41, 46
Lappland 28
Las Palmas 58
Las Vegas 10
Le Havre 27
Le Mans 27
Leeds 26
Leipzig 29
Lemberg 32
Lena 35
León 30
Lérida 30
Lesbos 33
Lesotho 52, 57, 61
Lettland 21, 25, 28
Lhasa 44
Libanon 36, 39, 42
Libau 28
Liberia 52, 55, 58
Libreville 60
Libyen 52, 54, 59
Liechtenstein 20, 24, 29
Lille 27
Lilongwe 61
Lima 18
Limoges 27
Limpopo 61
Linz 29
Lissabon 30
Litauen 21, 25, 28
Liverpool 26
Livorno 31
Loch Ness 26
Loire 27
Lomé 58
London 26
Londonderry 26
Lop Nur 44
Los Angeles 10
Louisiana 11
Lualaba 60
Luanda 60
Lübeck 29
Lubumbashi 60
Luleå 28
Lusaka 61
Lüttich 29
Luxemburg 20, 22, 29
Luzon 46
Lyon 27

M

Mackenzie 12
Madagaskar 52, 57, 61
Madeira (Fluss) 18
Madeira (Insel) 58
Madras 43
Madrid 30
Magadan 35
Magdeburg 29
Magellanstraße 19
Mailand 31
Main 29
Maine 11
Makedonien 21, 25, 33
Málaga 30
Malawi 52, 56, 60
Malawisee 60
Malaysia 37, 41, 46
Malediven 37, 38
Mali 52, 54, 58
Mallorca 30
Malmö 28
Malta 21, 23
Managua 13
Manama 42
Manaus 18
Manchester 26
Mandalay 43
Manila 46
Manitoba 12
Mannheim 29
Maputo 61
Mar del Plata 19
Maracaibo 18
Marañon 18
Mariupol 32
Marrakech 58
Marocco 52, 54, 58
Marseille 27
Marshall-Inseln 5
Martinique 7, 9, 13
Maryland 11
Maskat 42
Massachusetts 11
Matsuyama 47
Mauretanien 52, 54, 58
Mauritius 5, 57
Mbandaka 60
Medan 46
Medellín 18
Medina 42
Mekka 42
Mekong 46
Melbourne 51
Melville-Insel 12
Memphis 11
Mendoza 19
Menorca 30
Mérida 13
Meschhed 42
Mesopotamien 42
Messina 31
Mexicali 13
Mexiko 7, 8, 13
Mexiko-Stadt 13
Miami 11
Michigan 11
Michigansee 11
Mikronesien 5
Milwaukee 11
Mindanao 18
Minneapolis 11
Minnesota 11
Minsk 32
Mississippi 11
Missouri 11
Mittelmeer 20
Mobuto-Sese-Seko-
 (Albert-)See 60
Mogadishu 59
Moldawien 21, 25, 33
Molukken 46
Mombasa 60
Monaco 20, 23, 27
Mongolei 37, 40, 45
Monrovia 58
Montana 10
Monterrey 13
Montevideo 19
Montpellier 27
Montreal 12
Montserrat 9
Mosambik 52, 56, 61
Moskau 34
Mosul 42
Mount Everest 44
Mukalla 42
Mull 26
Multan 43
München 29
Murcia 30
Murmansk 34
Murray 51
Myanmar (Birma) 37, 41, 43

N

Nagasaki 47
Nagoya 47
Nagpur 43
Nairobi 60
Namib 61
Namibia 52, 57, 61
Nancy 27
Nanjing 45
Nantes 27
Nassersee 59
Nauru 5, 49
Ndjamena 58
Neapel 31
Nebraska 11
Nepal 37, 38, 43
Neu-Delhi 43
Neufundland 12
Neuguinea 46
Neukaledonien 48
Neuseeland 48, 49, 51
Neuseeländische Alpen 51
Neusibirische Inseln 35
Nevada 10
New Brunswick 12
New Hampshire 11
New Jersey 11
New Mexico 10
New Orleans 11
New South Wales 51
New York 11
Newcastle 51
Newcastle upon Tyne 26
Niamey 58
Nicaragua 7, 8, 13
Nicosia 33
Niederkalifornien 13
Niederlande 20, 22, 29
Niederländische Antillen 7, 9, 13
Niger 52, 54, 58
Nigeria 52, 54, 58
Niigata 47
Nil 59
Nishnij Nowgorod 34
Nizza 27
Nordamerika 6-13
Nordinsel 51
Nordirland 26
Nordkorea 37, 40, 45
Nördliche Marianen 5
Nördlicher Polarkreis 4-5
Nordpolarmeer 4-5
Nordsee 20
Nordwik 35
Normandie 27
Norrköping 28
North Carolina 11
North Dakota 11
North Platte 11
Northern Territory 50
Northwest Territories 12
Norwegen 20, 22, 28
Norwich 26
Nottingham 26
Nouakchott 58
Nova Scotia 12
Nowaja Semlja 35
Nowosibirsk 35
Nunavut 12
Nürnberg 29

O

Ob 34
Oberer See 12
Ochotskisches Meer 35
Odense 28
Oder 29
Odessa 32
Ohio 11
Okayama 47
Oklahoma 11
Omaha 11
Oman 36, 39, 42
Omsk 34
Onegasee 34
Ontario 12
Ontariosee 11
Oranje 61
Oregon 10
Orinoco 18
Orkney-Inseln 26
Orleans 27
Osaka 47
Ösel 28

63

Index

Oslo 28
Ostchinesisches Meer 45
Österreich 21, 24, 29
Ostghats 43
Ostsee 21
Ottawa 12
Ouagadougou 58
Oulu 28
Oxford 26
Ozeanien 48-51

P

Pakistan 37, 38, 43
Palau 5
Palembang 46
Palermo 31
Palma 30
Pampa 19
Panamá 7, 8, 13
Panamá-Kanal 13
Papua-Neuguinea 46, 48, 49
Paraguay 14, 17, 19
Paramaribo 18
Paraná 19
Paris 27
Parma 31
Patagonien 19
Pazifischer Ozean 4-5
Pécs 32
Peking 45
Pennsylvania 11
Perpignan 27
Perth 50
Peru 14, 16, 18
Perugia 31
Pescara 31
Philadelphia 11
Philippinen 37, 41, 46
Phnom Penh 46
Phoenix 10
Pitcairn 4
Pittsburgh 11
Plymouth 26
Po 31
Poitiers 27
Polen 21, 24, 32
Port Elizabeth 61
Port Moresby 46
Port Sudan 59
Portland 10
Porto 30
Porto Alegre 19
Portugal 20, 23, 30
Posen 32
Prag 32
Pressburg 32
Pretoria 61
Prince Edward Islands 12
Pripjet 32
Pripjetsümpfe 32
Provence 27
Puerto Rico 7, 9, 13
Pusan 45
P'yŏng-yang 45
Pyrenäen 27, 30

Q

Qinghai Hu 45
Quebec 12
Queensland 51
Quito 18

R

Rabat 58
Rangun 43
Rawalpindi 43
Recife 18
Red River 11
Regina 12
Reims 27
Rennes 27
Réunion 5
Reval (Tallinn) 28
Reykjavik 28
Rhein 29
Rhode Island 11
Rhodos 33
Rhône 27
Riga 28
Rio de Janeiro 19
Rio de la Plata 19
Rio Grande 11, 13
Rio Negro 18
Rockhampton 51
Rocky Mountains 10, 12
Rom 31
Rosario 19
Rossmeer 5
Rostock 29
Rostow 34
Rotes Meer 36
Rotterdam 29
Rouen 27
Ruanda 52, 56, 60
Ruhr 29
Rumänien 21, 25, 33
Russland 25, 32, 34-35, 37
Ryukyu-Inseln 37

S

Sachalin 35
Sahara 52, 53, 58-59
Salado 19
Salomon-Inseln 48, 49
Salt Lake City 10
Saluën 43
Salvador 18
Salzburg 29
Samara 34
Samarkand 34
Sambesi 61
Sambia 52, 56, 61
Samoa 4, 49
Samsun 33
San Antonio 11
San Diego 10
San Francisco 10
San José 13
San Marino 20, 23, 31
San Salvador 13
San Sebastián 30
Sana 42
Sankt Petersburg 34
Sankt-Lorenz-Golf 12
Sansibar 60
Santa Cruz 18
Santa Fe 19
Santander 30
Santiago 19
Santo Domingo 13
São Francisco 18
São Paulo 19
São Tomé and Príncipe 52, 55, 58
Saône 27
Sapporo 47
Sarajevo 33
Sarawak 46
Sardinien 31
Sassari 31
Saskatchewan 12
Saudi-Arabien 36, 39, 42
Schiras 42
Schottland 26
Schwarzes Meer 21
Schwarzwald 29
Schweden 21, 22, 28
Schweiz 20, 24, 29
Seattle 10
Seine 27
Sendai 47
Senegal 52, 55, 58
Seoul 45
Severn 26
Sevilla 30
Sewernaja Semlja 35
Seychellen 5, 56
Shaba 60
Shanghai 45
Sheffield 26
Shenyang 45
Shikoku 47
Sibirien 35
Sierra Leone 52, 55, 58
Sierra Nevada, Spain 30
Sierra Nevada, USA 10
Simbabwe 52, 57, 61
Singapur 37, 41, 46
Sizilien 31
Skagerrak 28
Skopje 33
Skye 26
Slowakei 21, 24, 32
Slowenien 21, 24, 33
Snake 10
Sofia 33
Sokotra 36
Somalia 52, 54, 59
South Australia 50
South Carolina 11
South Dakota 11
Southampton 26
Spanien 20, 23, 30
Split 33
Sri Lanka 37, 38, 43
St. John's 12
St. Kitts u. Nevis 7, 9, 13
St. Louis 11
St. Lucia 7, 9, 13
St. Martin 7, 13
St. Vincent u. Grenadinen 7, 9, 13
Stavanger 28
Stettin 32
Stewart-Insel 51
Stockholm 28
Straßburg 27
Straße von Mosambik 61
Stromboli 31
Stuttgart 29
Sucre 19
Südafrika 52, 57, 61
Südamerika 14-19
Sudan 52, 54, 59
Südchinesisches Meer 37
Sudeten 32
Südinsel 51
Südkorea 37, 40, 45
Südlicher Polarkreis 4-5
Südpol 5
Suez 59
Sumatra 46
Surabaya 46
Surinam 14, 16, 18
Suva 48
Swasiland 52, 57, 61
Sydney 51
Syrdarja 34
Syrien 36, 39, 42

T

Täbris 42
Tadschikistan 34, 37, 38
Taipeh 45
Taiwan 37, 40, 45
Taiyuan 45
Tajo 30
Tallinn siehe Reval
Tampa 11
Tampere 28
Tanganyikasee 60
Tansania 52, 56, 60
Tarent 31
Tarn 27
Taschkent 34
Tasmania 51
Tasmansee 51
Tegucigalpa 13
Teheran 42
Tel Aviv-Jaffa 42
Tennessee 11
Texas 11
Thailand 37, 41, 46
Themse 26
Thessaloniki 33
Thimphu 43
Tianjin 45
Tiber 31
Tibesti 59
Tibet 44
Tiflis 34
Tigris 33, 42
Timbuktu 58
Timor 46
Tiranë 33
Titicacasee 18
Tocantins 18
Togo 52, 55, 58
Tokyo 47
Tonga 4, 49
Toronto 12
Toulon 27
Toulouse 27
Toyama 47
Transsibirische Eisenbahn 34
Triest 31
Trinidad und Tobago 7, 9, 13
Tripolis 58
Tromsø 28
Trondheim 28
Trujillo 18
Tschad 52, 54, 59
Tschadsee 58
Tschechische Republik 21, 24, 32
Tsingtau 45
Tucumán 19
Tula 34
Tunesien 52, 54, 58
Tunis 58
Turin 31
Turkanasee 60
Türkei 33, 36, 39
Turkmenistan 34, 36, 38
Turku 28
Tuvalu 5, 49
Tuz gölü 33
Tyrrhenisches Meer 31

U

Ubangi 60
Ucayali 18
Uganda 52, 56, 60
Ukraine 21, 25, 32
Ulan Bator 45
Ulan-Ude 35
Ungarn 21, 24, 32
Untere Tunguska 35
Uppsala 28
Uralgebirge 34
Urmiasee 42
Uruguay 14, 17, 19
Urumchi 44
Usbekistan 34, 37, 38
Utah 10

V

Valencia 30
Valladolid 30
Valparaíso 19
Vancouver 12
Vänersee 28
Vansee 33
Vanuatu 48, 49
Varanasi 43
Vatikanstadt 23, 31
Vättersee 28
Venedig 31
Venezuela 14, 16, 18
Veracruz 13
Vereinigte Arabische Emirate 36, 39, 42
Vereinigte Staaten von Amerika 6-7, 8, 10-11
Vermont 11
Vesuv 31
Victoria 51
Victoria-Insel 12
Victoriasee 60
Vienne 27
Vientiane 46
Vietnam 37, 41, 46
Vila 48
Villahermosa 13
Virginia 11
Voltastausee 58

W

Wales 26
Warschau 32
Washington 10
Washington D.C. 11
Weddellmeer 5
Weichsel 32
Weißer Nil 59
Weißes Meer 34
Weißrussland 21, 25, 32
Wellington 51
Weser 29
West Virginia 11
Western Australia 50
Westghats 43
Wien 29
Wilna 28
Windhuk 61
Winnipeg 12
Winnipegsee 12
Wisconsin 11
Witebsk 32
Wladiwostok 35
Wolga 34
Wolgograd 34
Woronesh 34
Wuhan 45
Wüste Nefud 42
Wüste Takla Makan 44
Wüste Tharr 43
Wyoming 10

XY

Xian 45
Xingu 18
Yamoussoukro 58
Yaoundé 58
Yellowknife 12
Yogyakarta 46
Yokohama 47
Yukon 12
Yumen 45

Z

Zagreb 33
Zaragoza 30
Zentralafrika 52, 55, 59
Zentralmassiv 27
Zhengzhou 45
Zürich 29
Zypern 21, 23, 33